12 Heroínas

ÀNGELS BARDINA

12 Heroínas

Mujeres que consiguieron matar al monstruo.

Prólogo de LAIN, autor de la saga Best-Seller "La voz de tu alma"

Título: 12 Heroínas

© 2020, Àngels Bardina

Autoedición y Diseño: 2020, Àngels Bardina

Primera edición: febrero de 2020

ISBN-13: 978-84-18213-21-2

La vida es como una bicicleta, para mantener el equilibrio tienes que seguir adelante.

Albert Einstein

Prólogo de Lain

Todos tenemos algo que nos limita, todos.

Pero detrás de ese desafío está la bendición.

Cuando algo te detiene no es necesariamente una señal de que no se puede hacer o de que no está bien hacerlo. Muchas veces es todo lo contrario.

A menudo, las emociones dolorosas son una llamada a la acción para el cambio y la transformación que, cuando tomas decisiones, nos impulsan a salir de donde estamos para dirigirnos hacia donde queremos y, sin duda, nos merecemos estar.

Cuando tengas un problema no te enfoques en él, enfócate en la solución. **PUES DONDE VA TU ATENCIÓN VA TU ENERGÍA**, y en eso te conviertes.

Nada llega a nuestras vidas por casualidad, sino por CAUSAlidad, por sincronicidad, por principio de **CAUSA y EFECTO**. Esto significa que todo llega por propósito, y así lo ha hecho este libro.

Si lo tienes en tus manos, ¡*aprovéchalo*! Contiene información importante para ti y para tu transformación personal en todos los sentidos.

Gracias Àngels por escribirlo y gracias a ti, amado lector, por querer leerlo y aprender de él.

GRACIAS GRACIAS GRACIAS.

TE AMO.

LAIN, autor de la saga LA VOZ DE TU ALMA.

www.lavozdetualma.com

Dedicatorias

Dedicado a….

- A mi **ALMA,** que nunca cedió ante los ataques de mi **MENTE** que pretendía apagar mi luz interior.

- A Belén, un ángel de la guarda Guerrero que apareció en mi vida por "***causalidad***". Que creyó en mí desde el primer segundo, que siguió mis avances y que cada día me susurra al oído las palabras ¡**ESFUERZATE** Y **LUCHA**!

- A los dos hombres de mi vida que nunca creyeron en mí y me provocaron tanto dolor que me convertí en **FÉNIX.**

- A mis hijos que me han animado en el proceso, sobre todo a mi hija Clara que puso todo su arte en las portadas de mis libros.

- A mis amigos Meri y Artur que fueron los primeros en leer el borrador de 12 Heroínas, aguantaron mis bloqueos y me animaron a seguir.

Y sobre todo a mi querido mentor, **LAIN**, por ser conmigo tan estricto, intenso, justo, enérgico, implacable, íntegro…

¡¡IMPARABLE!!

Gracias al cuál mi vida se transformó por completo.

GRACIAS, GRACIAS, GRACIAS

Testimonios

"Hay personas que aparecen en tu vida y te roban el corazón. Àngels está cargada de amor, luz y un brillo que la hacen ser especial. Me despierta tantos sentimientos y todos buenos que te invito a que descubras todo lo que tiene que contar.

No puedo parar de leer los capítulos de sus libros y en cada página todas sus palabras me despiertan emociones que me tienen erizada la piel. Àngels, eres muy grande, doy gracias al Universo por ponerte en mi camino y también porque hayas elegido éste como tu camino para que puedas iluminar la vida de millones de personas".

Belén Dieguez.
Autora de la saga "Secretos de una guerrera".

"Un libro cargado de historias, de grandes aprendizajes de vida que Àngels nos ha sabido trasmitir con una gran maestría. En el momento en que empieces a leerlo no podrás parar. Muchas gracias por tu gran contribución".

Cristina Barberá.
Autora de "Aprendiendo a vivir".

"Felicidades a Àngels por Descubriendo Andrómeda y sus 12 heroínas, recomiendo esta novela porque está escrita con mucha energía, sentimiento y amor, he disfrutado cada palabra que leía. Gracias. Àngels, bendiciones y muchos éxitos".

Dolores Gil

"Fascinante libro lleno de historias atrapantes que te regalan enseñanzas de superación aplicables a tu vida actual.

Totalmente recomendable. Gracias, Gracias, Gracias!!!

"Impresionante libro. Me ha encantado. Àngels escribe 12 historias que atrapan, que seducen y de las que no puedes despegarte. Son historias contadas con una excelente narrativa y de todas ellas se puede obtener una moraleja. Enhorabuena por tu libro".

"Una obra conmovedora que te enseña que, a pesar de los avatares de la vida, con determinación y coraje, se puede cambiar y se puede marcar otro rumbo en la vida a otra mejor".

"Las impactantes historias que relata este libro te permitirán reflexionar sobre muchos aspectos de la vida, entre ellos la importancia de perdonar para poder seguir adelante".

"Hola… Gracias, gracias, gracias, por escribir este libro maravilloso. Leer tu libro me gustó muchísimo, cuando empecé a leer me sumergí en la lectura. Recomiendo a todo el mundo leer esta novela transformadora llena de mensajes".

Julia Vargas Romero

"Un libro donde la autora redacta una novela mostrando diferentes historias de vidas desosegadas, donde muestra que a través del perdón y diversas técnicas que enseña fortalece la autoestima. Una novela que te cautivará por su fácil lectura y entendimiento que ayudará a muchas personas en situaciones similares."

César Vázquez – autor de "Haz historia con tu oposición".

"Descubriendo Andrómeda es un libro encantador, con una narrativa cautivadora. La autora cuenta de una forma deliciosa las historias de unas maravillosas y valientes mujeres que te ayudan a reflexionar sobre hacerle frente a los desafíos. Me ha encantado".

Diana Quintana Gómez.

"12 heroínas, 12 héroes, 12 vidas heroicas. En total 36 maravillosas historias narradas de una forma divertida, sincera y que te llegarán al corazón, con el fin de que humanices tus errores y aprendas de lo maravillosa que puede ser la experiencia vital pese a las espinas del camino.

Gracias Àngels".

Aido Cortés Alcaraz autor de la trilogía "Núcleo"

Introducción

Éste no es un libro cualquiera.

Todo empieza en un taller de costura donde se reúnen heroínas y héroes anónimos, hombres y mujeres que pasan sus dificultades en silencio, los que a nadie preocupan ya que sus amigos y conocidos también son héroes en la sombra.

Te hablo pues de relatos cuyos protagonistas consiguen salir de las penurias diarias - algunas terribles - y que no se rinden ante las evidencias. Estaban perdidos en una depresión tan interiorizada que ya no les dejaba llorar, cuando lloraban aún tenían esperanza.

Pequeñas y espinosas historias que cuentan sus protagonistas a Alba, la propietaria de un pequeño taller de costura donde su profesora les escucha.

Buscan su luz interior para que les ilumine y así resurgir de una vida a la que se habían acostumbrado, conformado.

Van en busca de su Andrómeda para lograr brillar.

**No, éste no es un libro cualquiera,
te hablo de….**

La trilogía DESCUBRIENDO ANDRÓMEDA

Índice

*Si quieres algo pídeselo
a un hombre.*

*Si quieres hacer algo, pídeselo
a una mujer.*

Margaret Thatcher

Historia de Alba

Alba, la profe, es una mujer pequeña y del montón pero que cae bien. Su abuelo Ernesto era un líder allí donde iba, un ejemplar de hombre alfa alto y guapo de ojos grises que era quien más se ocupaba de ella en casa. En realidad no sólo se ocupaba de ella, se **preocupaba** por ella de verdad.

Al morir Ernesto Alba se quedó un poco descolocada, así que decidió interiorizar, tenía tan solo 17 años y se sentía incomprendida.

La joven Alba creía firmemente que brillaba con luz propia pero que nadie podía verlo. Era la oveja negra, siempre respondona, tozuda, dura como una roca de cantera, inconformista, a su bola.

Por esa razón se puso una virtual capucha negra en la cabeza y se tapó su pequeño cuerpo con vestidos poco agraciados para no tener que discutir con el resto de la familia, tan altos y guapos todos ellos.

Se consideraba anónimamente orgullosa de su forma de ser y no dejaba que su luz interior se apagara, aunque con los años se había sentido tentada de mandarlo todo al carajo en varias ocasiones.

Pero montó un taller.

En realidad lo que quería era un trabajo que la alejara de su también oscura heroicidad en su matrimonio y soñaba con llegar a ser autosuficiente y marcharse de allí, tener casa, vida, sueños, alegrías, éxitos…. todos propios.

Lo cierto es que ese taller sólo iba tirando pero ella se sentía realizada al ver que esas mujeres – sus chicas - eran felices al coser en compañía de otras mujeres, una felicidad que duraba las dos horas semanales de la clase. Pero esas dos horas se soltaban, reían, tenían amigas y se consolaban unas a otras. Luego volvían a sus melancólicas vidas con sus sombrías parejas y sus oscuros problemas.

Y Alba escuchaba. Sabía que caía bien, y sabía escuchar. Su lucecita interna crecía y crecía al escuchar.

Y forjó un plan.

¿Por qué no enseñar **DE VERDAD** - no por evasión - a esas mujeres? Su cuñada Leila, a la que envidiaba sanamente por su serenidad y belleza, siempre le había dicho:

-Tienes un don para coser.

Y Alba creía que era una verdad como un templo. SÍ, ella tenía un don en las manos. De un trapo hacia un vestido y de un desgarrón un bordado, y le encantaba. Ernesto también se había percatado de ello y cuando cumplió 15 años le dijo:

<u>-Alba, ya eres una mujer, te voy a hacer un regalo. No es lo que una chica de 15 años desearía pero me lo vas a gradecer toda la vida.</u>

Y le regaló una máquina de coser, la mejor y más cara del mercado. Con la máquina venia un curso para aprender todas sus funciones, sacar el máximo rendimiento de ella, y también un curso de costura básica y otro de bordado. Ernesto la entendía, le hizo el mejor regalo que podía imaginar. Y Ernesto tenía razón, se lo agradecía cada día de su anónima vida.

Así que puso su plan en marcha. El taller iba tirando como se suele decir, pero ella podía enseñar a esas mujeres a coser **BIEN**, y con ello mataba tres pájaros de un tiro:

1- ***Aportaba:*** Eso le parecía un poco egoísta pues el reconocimiento que le profesaban sus alumnas le engordaba el EGO de forma insana, pero qué más daba, necesitaba fuego para alimentar su luz.

2- ***Enseñaba***: Como maestra que era, les daba herramientas para lograr dos cosas: sentirse importantes, útiles, y ganar algo de dinero para sus gastos.

3- ***Crecía***: Les hacía de consejera amateur. Sus alumnas podían soltar lastre sabiendo que de allí no saldría nada de nada de lo dicho, ¿o quizá surgiría una solución?

¡Genial! Así que era un Win – Win. Y rezaba todas las noches a Santa Rita - que según algunos es la patrona de los imposibles - para que su taller pudiera seguir adelante.

Y....

Aquí os comparto algunas de las historias, desgarradoras y sensibles, historias del montón de las "*heroínas en la sombra*" y sus finales, a veces, felices. Este libro, es una especie de híbrido entre mil realidades y una gran imaginación.

¡Vamos allá!

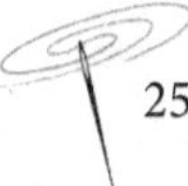

El verdadero perdón es cuando puedes decir:

"Gracias por esta experiencia"

Oprah Winfrey

Consuelo - El Perdón

Consuelo siempre había sabido qué hacer al levantarse, pero ese día estaba confundida. Empezó a poner los pies en el suelo muy lentamente rota de dolor, no creía poder soportar lo que le esperaba esa mañana pero no tenia elección, era su madre.

No lloraba. Le habían dado dos ansiolíticos para que pudiera pasar la noche adormecida y sus ojos miraban hacia el suelo buscando un porqué. Se sentó en la cama pensando que no le quedaban fuerzas cuando oyó que se abría la puerta de su habitación, era su hermana Ana, entraba para ayudarla.

- Arriba cariño, tienes que esforzarte un poco, falta solo una hora para la ceremonia.

Se dejó llevar. Del WC a la ducha, de la ducha a vestirse, después peinarse, y después….

- No puedo Ana….

- Lo sé. Lo haremos juntas.

Al entrar en la sala le pareció ver un montón de robots todos de uniforme vestidos de negro. Se le acercaban, la besaban, le estrechaban las manos, le daban el pésame.

Su hijita María había muerto la mañana anterior, tenía solamente cuatro meses.

La peor muerte para una madre es cuando no hay razón para que ocurra: sin enfermedad, sin accidente, sin infarto, sin razón, nada….. Muerte súbita.

Consuelo era perfeccionista, observadora e inteligente, de piernas largas y hermosísimas que lucía con orgullo entre sus tacones de siete centímetros y las faldas justo encima de la rodilla. A veces autoritaria, se callaba por no discutir, pero nadie la convencía fácilmente, esas cualidades la hacían la secretaria de dirección perfecta.

Dos años atrás empezó a trabajar en una inmobiliaria especializada en viviendas de alto standing. Su jefe que era un presuntuoso la hacía entrar siempre a media negociación con sus clientes para distraerles y hacerles cerrar el trato con rapidez, típico de un pedante que no se ha enterado que hoy en día las mujeres no son sólo objetos de deseo.

Pero Pedante se había fijado en ella y empezaba a cortejarla. Sabía que no sería fácil así que le daba una de cal y otra de arena para desconcertarla. Igual le pedía que reservara mesa para dos – él y otra amiga – que la acompañaba a casa cortésmente si llovía. Y Consuelo fue cediendo y bajando sus defensas ante tanta galantería hasta que se dio cuenta que estaba coladita hasta los huesos de ese adulador.

Un día de lluvia se pararon a medio camino para comer algo antes de llegar a casa y Pedante consiguió lo que tanto ansiaba, un paseo de sus manos por esas piernas largas y tersas que le volvían loco. Desde entonces eran secretaria y jefe de día, amantes ardientes de noche.

Pasaron meses de relación y a Consuelo le parecía que algo fallaba aunque no sabía qué. Al salir del despacho solían acudir a tomar una copa al Pub inglés de la esquina antes de cenar para comentar la jornada. Sin embargo, cada vez era más el tiempo en el Pub que el de la cena. Primero cervezas, después whisky, por último vodka. Y al final a casa sin cenar colgado del hombro de su novia.

Aquella situación se repetía cada vez más a menudo.

Una mañana Consuelo se despertó mareada, algo le había sentado mal la noche anterior, no sabía si la comida o el hecho de aguantar a un borracho pedante y baboso en su cama, un pedante al que amaba. Pensó que debía pasar por el centro médico antes de ir a trabajar y allí le confirmaron que no le pasaba nada, o al menos nada malo. Con ojos alegres el doctor sonrisas la felicitó por su incipiente estado de gestación. ¡Enhorabuena!.

Las menstruaciones de Consuelo eran de lo más dispersas y ni siquiera había reparado que pudiera estar embarazada. Entre sorprendida y alborozada llegó al despacho para anunciar a Pedante que iban a ser papás.

- Cariño, después hablamos, ahora tengo una reunión.

A las siete de la tarde Pedante salió del despacho a toda prisa dejando un sobre encima de la mesa de Consuelo, estaba despedida.

Para que no le buscara problemas le dio un cuantioso finiquito, dinero para solucionar *"ese problema"*, le recordaba que había firmado un contrato de confidencialidad y le advertía que mucho ojo con lo que hacía, sus abogados ya estaban al acecho y caerían sobre ella como águilas hambrientas si le buscaba problemas.

Postdata: Deja las llaves en la mesa cuando salgas.

Aún en estado de xoc, Consuelo llegó a casa de su hermana Ana, no entendía nada ni sabía qué hacer, ni siquiera lloraba, aquello no tenía ninguna lógica.

- Cariño, ya te decía yo que era un cabrito, lo siento mucho, quédate hoy a dormir aquí y mañana hablamos, en tu estado no puedes estar sola, en dos horas te darás cuenta de lo que ha pasado y necesitarás ayuda, ven conmigo, siéntate.

Y tal cual, al anochecer Consuelo estaba en estado líquido de tanto llorar. Qué, cómo y por qué eran las únicas palabras que salían de su boca.

Habían pasado ya tres meses; por la radio se oía la canción "Qué noche la de aquel día" de los Beatles, Consuelo iba pensando: "Hay que joderse…. Hasta en la radio me vapulean".

Se encontró con Ana para desayunar que la fue llevando despacito hasta donde quería llegar, la pregunta clave.

- Conso, estás de tres meses, no puedes esperar más, debes tomar una decisión YA, yo te acompaño.

Posponía la decisión pensando que en algún momento despertaría del mal sueño, o que Pedante la iría a buscar arrepentido aunque ya sabía que eso era impensable. Sin embargo en su interior esa decisión ya estaba tomada, tendría su bebé.

Esa barriga incipiente disuadía a todo jefe que quisiera contratarla al leer su curriculum; era muy competente, era lo que andaban buscando, pero sería mejor que volviera pasado el parto, o en uno o dos años cuando su hija ya fuera al colegio.

En esa situación Conso se vio fuera de su apartamento y acabó en la habitación que ocupaba de pequeña en casa de sus padres; se había gastado el finiquito y guardaba el dinero del "*problema*" para su futura hija.

Maria nació sin padre de madrugada, la acompañaban sus abuelos y su tía Ana. Pesaba tres kilos trescientos y era morenita y sonrosada. Al verla, todos quedaron prendados de esa nueva vida que les hacia olvidar las desdichas de los nueve meses anteriores. Para Consuelo era la única razón de vivir.

A los tres días salieron del hospital y volvieron a su vida cotidiana. Maria se convirtió – como todos los niños - en la alegría de la casa, unos y otros se turnaban para cuidarla, y así fue durante cuatro meses hasta que Consuelo la quiso levantar para el baño de las diez.

- Voy a despertarla, ¡hoy duerme mucho!

María no dormía, tampoco respiraba.

Llegaron médicos y ambulancias pero nada se pudo hacer. El diagnóstico: muerte súbita. A veces pasa….

Nadie se lo podía creer; a principios del siglo XX se diría que era un castigo divino por andar tonteando con el sexo sin pasar antes por el altar.

Llegados al cementerio todos lloraban sobre esa diminuta caja de pino pintada de blanco. Cuando la entraban en el sepulcro familiar a Conso se le heló el alma, ¿Quién estaba allí de pie? ¿Era posible?

Lo era. Pedante apareció con una rosa blanca en las manos que depositó sobre el ataúd de su hija con los ojos llorosos, Conso los tenia secos, y su mirada a Pedante fue una amenaza de muerte. Se contuvo por Maria.

La gente se fue marchando, todos menos Consuelo, sus pies seguían clavados en el suelo del tanatorio.

- Vete, tu aquí no eres nadie, mi hija no quiere tu rosa, ¡largo!

- Consuelo por favor, escúchame….

- Te mataré si no te vas.

- ¡Me moriré si me echas!, Consuelo, Conso, por favor, he sido un borracho, un cabrón, no era yo, ¡fue el alcohol!

Ana se puso al lado de Consuelo, también su padre.

- Márchate Ana, y tú también papá, con este mierda ya puedo sola.

- Y tú, Pedante, si te acercas a la tumba de mi hija te expones a ocupar la tuya.

Y sin más se dio la vuelta y lo dejó allí.

Tres días después Pedante la estaba esperando en el portal. Con barba de tres días y ojeras hasta el suelo le imploró y lloró hasta el desespero.

Y Conso acabó escuchando.

- La bebida me lo quitó todo, mi negocio, mi casa, a ti…

- Por ahí no vayas.

- Todo lo perdí por el alcohol. Me enteré que había nacido María por la camarera del restaurante donde solíamos ir, te había visto pasar con ella, me felicitó.

- Le daré las gracias. - dijo con sarcasmo-.

- Pensé que abortarías.....

- Yo no hago las cosas como tú.

- Te seguí en varias ocasiones por el parque, nunca me atreví a saludarte.

- ¡Mira por donde un puntazo de cordura!.

- Quizá no me creas pero por Maria dejé la bebida, llevo tres meses limpio.

- Me partes el corazón.... Mira, tengo que irme, ahora que Maria no está puedes seguir bebiendo. Adiós.

Al día siguiente Pedante también la esperaba. Y a la semana siguiente, y al mes siguiente, cada día la veía salir y entrar de casa sin intentar molestarla, el rechazo engancha mucho. Una tarde Conso se paró.

- Ya me estás hartando, que quieres ahora?.

- Solo una cosa:

PERDÓNAME.

- Perdóname y te dejaré en paz.

- Perdonado, vete.

- Mírame Consuelo, voy limpio, peinado, bien vestido, y tengo de nuevo mi trabajo, he recuperado la dignidad y quiero recuperarte a ti, nunca fui tan feliz.

Y después de propinarle unos cuantos bofetones morales Conso se sentó a escucharle.

Habían pasado seis años y Consuelo y ExPedante se habían mudando a su nueva casa cerca de Girona; al lado del mar y con dos piscinas; sus hijos, Nora y José Carlos disfrutaban del verano.

Es costumbre en Catalunya celebrar la noche de San Juan con cohetes y petardos; los amigos se reúnen alrededor de una hoguera a comer cocas, una especie de tartas de frutas y de chicharrones. Sus vecinos les invitaron.

Consuelo no podía creer lo que estaba viendo: entre coca y coca ExPedante tomaba cerveza. Al rato ya todo era diferente, entre cerveza y cerveza ExPedante comía un poco de coca.

Se había convertido en el alma de la fiesta con sus chistes y sus bromas, todos felicitaban a Conso por tener un marido tan simpático y agradable.

En los catorce meses siguientes los vecinos ya estaban de NuevoPedante hasta el moño y su mujer también, aquello tenía toda la pinta de convertirse en un infierno.

Era el cumpleaños de Nora y Consuelo había invitado a toda la familia a comer; a las diez y media de la mañana NuevoPedante ya estaba más que alegre, decía que tomaba café pero había en la taza más coñac que líquido negro. La fiesta acabó en una gran discusión entre NuevoPedante y todos los demás, los niños lloraban.

Ese lunes Consuelo visitó a un vecino amigo, Miguel, vivía en el edificio de al lado y a veces le llevaba el periódico. Miguel tenía casi ochenta años, era abogado, ciego, argentino, le gustaba conversar. Si bien ya no ejercía a veces daba consejos legales a sus amigos, por esa razón fue a su encuentro.

- ¿Quién llama?

- Miguel soy Conso, como estas?

- Lo cierto es que hace tiempo que te espero, soy viejo y ya sabes lo que dicen, "más sabe el diablo por viejo que por diablo".

Consuelo le contó toda la historia desde el principio: cortejo, embarazo, despido, Maria, Muerte de Maria, boda, hijos, recaída....

- Bien, ahora ya entiendo todo, me faltaban piezas en tu puzle. He estado siguiendo tu vida de lejos desde que te conozco, te sentía cercana, siempre has sido amable y generosa conmigo.

Y Conso solo podía sentir en ese momento....

DESESPERACIÓN

Y un ángel

pasó por su vida

Miguel había sido procurador de los juzgados de Buenos Aires durante treinta y dos años; por sus manos había pasado de todo pero su principal experiencia se la daba cuidar y ver fallecer a su esposa de cirrosis hepática debido a su adicción al alcohol, nada pudo hacer para evitarlo.

- Consuelo, necesitamos establecer unos pasos para que puedas salir de ahí con bien, vamos a hablar.

Durante toda la semana se fueron viendo y hablando, no podían ir deprisa, el plan no podía fallar o todo acabaría en desgracias, necesitaba enfocarse y dirigirse a su objetivo despacio pero firme, primero el primer paso, después el segundo, y así construir un camino que la llevara a una vida deliciosa y estable, Miguel lo había conseguido y ella también lo haría.

A su vez, NuevoPedante seguía el camino que ya recorrió tiempo atrás: beber, gastar, empeorar, gastar…. En su etapa anterior de alcohólico lo había perdido todo y aún tenía deudas con lo que las nuevas posesiones estaban a nombre de su mujer, eso le complicaba la vida a él pero no a ella, y la amenazaba con infortunios terribles si le bloqueaba las cuentas.

Y otra vez bebido, sucio y con barba de días parecía un pordiosero. Los niños no querían acercarse a él lo cual le ponía de los nervios y bebía más para olvidar, y Conso lo llevaba como podía sin grandes aspavientos para no irritarle más.

Una noche de octubre todo cambió. NuevoPedante llegó a casa pasada la medianoche pidiendo esas maravillosas piernas que Conso ocultaba ya en pantalones anchos. Su negativa fue el detonante de la más temible ira de su marido. Con la fuerza bruta que le daba la bebida la violó quedándose dormido en el sofá.

Ella no durmió.

A partir de entonces siempre dejaba una luz encendida para ahuyentar sus pesadillas.

Al siguiente día dejó a sus hijos en el cole y se fue a ver a Miguel que consolaba sus lágrimas como hace un padre con su hija.

- Bien, creo tener establecido el camino a seguir pero antes tenemos que solucionar esto. Y hay dos sorpresas.

Pusieron denuncias por malos tratos y violación, pidieron una orden de alejamiento y avisaron que cambiarían la cerradura, la casa era suya y la vida de Nora y José Carlos estaban en peligro. A la salida del colegio Conso recogió a los niños y las dos sorpresas, estaba más tranquila.

Sobre las ocho de la tarde volvió NuevoPedante a casa, no podía abrir la puerta y había recibido la visita de dos policías avisando de las denuncias, iba borracho como nunca. Chilló y golpeó la puerta como un lobo feroz cualquiera, la madre y sus hijos lloraban encerrados en el cuarto de baño. Tanto ruido atrajo a los vecinos que por fin pudieron conseguir que se fuera.

Pero NuevoPedanteLoboFeroz no se fue del todo, aguardó a dos calles de ahí hasta que la vida parecía haberse ido a dormir.

Pasados quince minutos de las doce subió a casa sigilosamente, cogió el hacha que llevaba y empezó a golpear la puerta de madera que cedía a cada envestida. Fue visto y no visto.

Nunca imaginó ese hombre lo que le aguardaba. Allí en el pasillo estaba Consuelo de pié flanqueada por dos enormes mastines igualitos a Zeus y Apolo de la serie televisiva Magnum. De pelo negro, orejas puntiagudas y hocico arrugado enseñaban sus afilados colmillos como lobos hambrientos.

- Ahora tienen el culo pegado al suelo, si les dejo ir te atacarán a por todas, no me tientes.

Y los dos policías que acompañaban a Miguel salieron del ascensor y se lo llevaron preso.

A partir de ese día Conso subió todos los escalones hacia su nueva vida. Estudió y aprobó unas oposiciones que le daban seguridad, vendió su casa y se compró un apartamento coqueto pero baratito para ahorrar el resto pues tenía planes para sus hijos. Vivía con Nora, José Carlos y sus dos fieles mastines, por si acaso. En sus ratos libres iba a aprender a coser al taller Alba, un oasis tranquilo donde hablar y compartir experiencias y donde la profe las escuchaba y animaba con agrado. Seguía dejando una luz encendida. Ana y sus padres la visitaban a menudo.

Pasados dos años Miguel la visitó.

- Consuelo, gracias a ti he vivido dos años más, me diagnosticaron leucemia y vida por seis meses pero he ido aplazando la muerte hasta verte feliz. Ahora puedo irme tranquilo.

Tres semanas más tarde Conso acompañaba a Miguel en su último viaje pidiendo que no la abandonara.

- No debes preocuparte, ahora ya sabes que el corazón es poderoso, cuando pidas algo con la fuerza suficiente seguirás hasta el final, mírame a mí, ya puedo morir tranquilo sabiendo que te he podido ayudar. Se despidió con un

PERDONALE, ASÍ SERÁS MÁS FUERTE.

Esa noche consuelo apagó la luz.

La FE está dando el primer paso, incluso cuando no se ve toda la escalera.

Martin Luther King

Mª Luz - La Fe

El mundo se paró cuando aquellos dos policías llamaron a su puerta, ella era muy intuitiva y se dio cuenta al momento que le traían una mala noticia. Y así fue.

Hacía solamente cinco meses que había empezado su historia de amor con Julián al que conocía de pequeña y con el que había mantenido una estrecha relación de amistad desde sus años de colegio hasta que se casó con ese bastardo.

Mª Luz era una mujer de ojos y pelo color castaño claro muy atractiva. Su belleza exótica le venía de un desliz que tuvo su madre 32 años atrás con un capitán de barco que ancló en el puerto de Barcelona, un navío de la República de Filipinas. Entre los dos, la madre y el capitán, tuvieron una tórrida historia de amor que duró tres días, justo los que el barco estuvo amarrado allí. En ese corto lapso de tiempo se prometieron amor eterno aunque él nunca regresó.

Nuestra heroína era madre de dos hijas pequeñas habidas de un horrible matrimonio anterior del cual – literalmente - escapó un día con sus dos hijas y una pequeña maleta, ya no podía más de broncas, borracheras y palizas. Con la cara morada de la tunda que le propinó ese mal nacido la noche anterior decidió esperar que saliera de casa y escapó. Ya en la calle y desde una cabina marcó el teléfono de su amigo Julián. Cuando llegó a su casa la acogió con los brazos abiertos. Su marido nunca la buscó.

Pasaron más de 13 meses en el mismo piso como lo que siempre habían sido, amigos, pero aquello ya empezaba a parecerse tanto a una familia que acabó una noche en lo que tenía que acabar, haciendo el amor. Desde entonces se consideraron como lo seguramente habían sido siempre sin darse cuenta, almas gemelas.

Aquella mañana Julián se fue como cada día a trabajar en su pequeña moto, era mensajero y se pasaba el día repartiendo paquetes por toda la ciudad. Pero ese día los paquetes no llegaron a su destino, ese martes por culpa de un camionero borracho que se saltó el semáforo en rojo, Julián murió. Le atropelló una bestia mecánica a más de 60 Km. por hora dejándole en el asfalto completamente inerte al instante.

Los dos policías llamaron a la puerta y su semblante lo decía todo, no se necesitaban palabras, a Mª Luz le salió del alma:

- Julián, no…….

Y cayó en brazos de aquel agente que la miraba con compasión doblada como un junco al viento.

Aunque para ella no era verdad que el tiempo todo lo cura siguió con su vida lo mejor que pudo o supo, por sus hijas.

Las amigas le ayudaban a superar demasiadas tragedias juntas ya que somatizó su angustia en forma de un cáncer de tiroides que la llevó al hospital. Pasó allí dos semanas y regresó a casa con una cicatriz como un río serpenteante entre la oreja y la clavícula, veintidós puntos de sutura testimoniaban la operación quirúrgica.

Al salir nada parecía haber cambiado en el mundo aunque todo era diferente para ella, la muerte de Julián la había dejado en la más absoluta ruina, en todos los sentidos.

Sus días eran una obra de teatro entre sonrisas para que sus hijas no se sintieran tan mal como ella. Sus noches tenían la negra oscuridad de la desolación en forma de fantasma.

Una noche despertó creyendo ver a Julián, sentado en la cama a su lado sonreía y le hablaba:

- Tú eres mi Luz para el camino, debes seguir ahí, las niñas te necesitan, cúrate, yo te espero aquí.

TEN FE.

Ante un sueño tan real Mª Luz despertó de nuevo a la vida. Empezó a sentir todo tipo de fuerzas internas anteriormente perdidas y se puso las pilas. Creía ver a Julián cada noche tumbado a su lado dándole fuerza, por ese motivo se levantaba cada mañana y llevaba a las niñas al colegio. De allí al hospital cada miércoles por la mañana a recibir quimio, un tratamiento que la dejó calva.

Ese nuevo aspecto no la desanimó, al contrario, lucía su nuevo aspecto con orgullo contándoles a todos que estaba en proceso de sanación. Nunca fallaron sus fuerzas. A quienes preguntaban cómo se sentía les contaba que quería implantar una nueva moda de peinado y se reía.

Y así siguió semana tras semana hasta leer el que fue su último informe médico: curada.

A partir de entonces vivía gracias a pequeños trabajos esporádicos y a la caridad del Banco de Alimentos que cada semana le proporcionaba los víveres básicos: leche, lentejas, arroz, cereales, aceite…. Y a veces hasta chocolate.

Con el tiempo y el pelo nuevo que ya tenía encontró un trabajo de reponedora en el Gran Súper.

Estaba una tarde colocando los paquetes en las estanterías cuando apareció una carretilla empujada por ese hombre alto de melena larga como un Jesús, morenazo y cuerpazo de premio, que se ofreció a ayudarla. Mª Luz aceptó. Por su belleza habían pasado diez años en dos, pero seguía manteniendo su atractivo exótico.

A ese primer encuentro casual le siguieron varios más no tan casuales. El morenazo intentaba coincidir con ella siempre que le era posible, llegó a invitar a comer a un guardia de seguridad del Súper para sonsacarle el horario de esa mujer semioriental.

- Puedo ayudarte si quieres, parece que has visto un fantasma.

- ¡Oh! Sí, por favor, nunca aprendí a conducir y no tengo ni idea para que sirven estas palancas…

Se hicieron amigos, se hicieron amantes, se buscaron un piso para compartir y vivían en amor y compañía todos juntos con las niñas. Con el tiempo pensaron que sería bueno tener un hijo en común y las dos chiquillas de Mª Luz se entusiasmaron con la idea de un hermanito pequeño.

Tuvieron dos hijos en lugar de uno. El primero fue una niña morena como su padre que irradió sonrisas pero no estaba del todo contento, quería que la niña fuese rubia, ya os contaré porque cuando leáis al héroe. Y decidieron intentarlo de nuevo. Apareció un varón que llegó a los trece meses de su hermana, para Mª Luz ya eran cuatro hijos.

Kepa, el morenazo, era zalamero y atractivo lo cual le daba ventaja en la persuasión, así que el Gran Súper le promocionó al mostrador de Atención al cliente y con esa jugada bajaron un 30% las quejas de los clientes - en su mayoría mujeres - que se conformaban y aceptaban todo lo que el morenazo cuerpazo les decía.

Con el tiempo fueron prosperando y Kepa también prosperó si bien en todos los sentidos. Las mujeres le asediaban y su vida familiar le agobiaba, así que se dedicó a dejarse querer y empezó a meterse en el cuerpo todo lo que le ofrecieran para reanimar su triste vida de pareja estable. También gastaba todo lo que tenía en sustancias falsamente felices hasta que la abundancia se acabó. Su mujer se dedicó a partir de entonces a la gran tarea de recuperarle pues no quería perder otro marido.

Volvió al Gran Súper a colocar paquetes de noche mientras Kepa dormía, alguien tenía que proporcionar alimentos a seis personas. Trabajaba de noche y de día se dedicaba a cuidarle como si de su quinto bebé se tratara hasta conseguir sacarle del infierno nevado del polvo blanco. Y lo consiguió.

Todo parecía volver a la normalidad. Kepa ya tenía de nuevo el aspecto de un gran jefe cherokee y estaba rejuvenecido así que de nuevo se puso a trabajar. Ese primer día "*normal*" invitó a Mª Luz a cenar porque quería hablar con ella, ¡la primera cena en meses!, y se arregló para la ocasión, tenían que celebrarlo.

Con una sonrisa de amor en su cara atendía Mª Luz las palabras de su pareja:

- No sabes cómo te agradezco todo los sacrificios que has hecho por mí este tiempo.

La dejó al día siguiente por una camarera danesa rubia y lozana como una espiga al sol que había conocido en sus paseos de "recuperación".

Y aquí acabó la historia seis años y dos hijos después.

Y Mª Luz volvió a somatizar su angustia esta vez en forma de cáncer de pecho, o mejor dicho, de pechos, en plural.

Aún no había cumplido los 40 y se vio de nuevo en el hospital con la ayuda de sus amigas y del banco de alimentos, pero esta vez con cuatro hijos. Ese quinto bebé que cuidó con amor nunca volvió a aparecer, ni siquiera para ver a sus hijos.

Su sentido del humor la hacía reírse de sí misma diciendo que había superado a su madre en dos capitanes de barco y cuatro hijos.

En cuanto a las hemorragias que padecía si se le infectaba algún punto de las cicatrices, solía comentar que su cuerpo generaba chapapote, ya sabes, esa materia viscosa y negruzca que arrasaron las playas de Galicia cuando naufragó aquel barco.

Recordando a Julián solía pensar que ahora tenía más de dos razones para seguir viviendo en la **FE**.

Y otra vez obtuvo su último informe médico: curada….. pero con cuidado. Tenía pocas defensas, poca fuerza, su sistema autoinmune era muy débil y no podía volver a los paquetes.

Y decidió cambiar totalmente de vida.

Reunió todas las ayudas que pudo entre sus amigas y la fiesta de recuperación que le hicieron en su almacén de paquetería y se mudó al pueblo de su tía donde podía respirar el mar y ponerse al sol bajo una sombrilla, ya sabes, con su historial no le era beneficioso tomarlo en directo.

A todo eso, su primer marido del que nunca llegó a firmar el divorcio había muerto y una prima por parte de madre que había cursado abogacía logró arreglarle una pequeña pensión de viudedad que le salvaba los alquileres cada mes.

A Mª Luz le gustaba cocinar repostería y lo hacía muy bien, por ese motivo se le ocurrió que podría hacer tartas para intentar venderlas; podría ganarse un pequeño extra económico para sobrevivir con sus hijos y el día que no lograba venderlas se las comían para cenar.

Acostumbraba a salir sobretodo los miércoles por la mañana ya que en el pueblo ponían un mercadillo de todo tipo: textil, gastronómico, de calzado, artesanal…

Precisamente un día se paró a contemplar unas mantas cosidas a mano igualitas a las de las películas del Oeste, aquellas que hacen las comunidades de los Amish.

Y un ángel pasó por su vida.

Una mujer risueña estaba dando explicaciones de cómo hacer las mantas a dos chicas que se habían interesado por los cursos y talleres. Al terminar….

- ¡Hola! soy Alba, te gustan mis Quilts ¿verdad?

- ¡Qué nombre más raro! ¿Se llaman así estas mantas?

- Sí. En realidad son mantas hechas con la técnica de Patchwork, yo las encuentro preciosas. ¿vendes tartas?

- ¡Sí! Mis tartas también son preciosas y además riquísimas, ¿quieres una?

- ¿Puede ser una porción?

- Por supuesto, te doy una de cada. Son seis euros.

Aquel momento fue el principio de una gran amistad.

Alba y Mª Luz se iban reencontrando habitualmente para hacerse compañía mutua y pasar algunos momentos agradables paseando por la playa. En uno de esos paseos se acercaron hasta el puerto de pescadores a tomar un café.

El bar del puerto lo regentaba Román, un sesentón en continuo aprendizaje, curioso, extrovertido, sociable y en estado eterno de felicidad, le llamaban Román Risas.

- Buenos días niñas ¿una cervecita?

- ¡Sí! Perfecto.

- ¿Cómo por aquí? Os veía deambular por el paseo marítimo pero nunca habíais llegado tan lejos, jajaja.

- Hoy tenemos más tiempo – dijo Alba – además Mª Luz ha podido vender todas sus tartas ¿tú no quieres tartas para tus clientes? Parecen horneadas en el mismísimo cielo.

- Jajaja, porqué no, tráeme dos mañana ¿de qué son?

- Son de sorpresa sorpresa - dijo Mª Luz - las hago según me apetecen a mí, pero todas son buenas.

- Mis clientes son pescadores, desayunan a las siete de la mañana cuando llegan de pescar.

- Las tendrás aquí a las seis, palabra de luz.

Y así fue como se levantó a las cuatro y se puso a cocinar tartas maravillosas. A ella le gustaban los pescadores, era un trabajo duro para volver a veces de vacío, les admiraba.

- Buenos días ¡has venido! ¿Qué me traes niña?

- ¿Niña otra vez? Te traigo dos tartas para tus clientes, las compras ¿verdad? eso dijiste, son buenas y baratas.

- Para mí todas sois niñas jajaja – dijo – claro, trae.

Y sin más empezó a cortar y a comer.

- Mmmmm, buenísima, Alba tenía razón, han bajado directamente del cielo a mi taberna. ¿me traerás más?

- ¿Cuántas quieres guapo? te las traigo esta tarde.

Y esa tarde volvió con tres tartas más. Al verla, Román la invitó a sentarse y le preparó un café.

- Y dime niña, ¿a ti que te pasa?, porque algo pasa….

- ¿A mí? ¿Tiene que pasarme algo?

- Bueno, he visto tu cicatriz, eso es una operación de tiroides, no siempre he sido camarero, era médico, jajaja.

- Sí, claro, y yo Madona.

- En serio. Me llaman el Risas por mi carácter, lo adquirí en la India, allí casi todo el mundo es pobre pero entra un médico europeo en sus vidas y todos te sonríen, son felices con tan poco…. En Sevilla yo tenía cierto renombre y mucho trabajo, para poder seguir el ritmo me dediqué a medicarme con lo que no debía, no sé si me entiendes….

- Mucho más de lo que crees.

- Ven conmigo, quiero enseñarte algo.

Llegaron hasta la orilla del mar. Allí, amarrada, había una Galera Catalana. Quizá no las hayas visto nunca, es una pequeña barca de madera con forma de pez, con dos mástiles y dos velas; antiguamente se propulsaba por remos pero la había habilitado con un pequeño motor.

- ¡Es preciosa!

- Mira a babor, la compré hace dos años. Suelo salir a navegar cuando necesito relajarme, cuando me atacan las antiguas tentaciones.

Eso no podía ser casualidad. Allí a babor, en letras azules y brillantes destacaba un nombre: María de la Luz.

- Pasé por rehabilitación y luché contra una hepatitis vírica. Me desahuciaron, pero me di cuenta a tiempo y me fui al otro extremo del mundo con los seres del otro extremo de posibilidades, esa fue mi gran suerte. Anduve por allí veintiocho años y al volver no quise retomar lo anterior. Me vine aquí de vacaciones y aquí me quedé, en el bar del puerto, era de mi tío. Yo he recuperado mi felicidad, ahora te toca a ti, ¿te ayudo?

- ……………

- Tengo experiencia, puedo hacerlo, ¿sabes? Soy médico, jajaja, pero todo es cuestión de **FE,** solo eso.

- ¿**FE**? ¿Has dicho **FE**?

- Exacto.

Y en ese momento Mª Luz recordó sus vívidos sueños cuando Julián la exhortaba a seguir adelante, viviendo, a tener precisamente eso: **FE**.

- De pequeña yo tenía un sueño. Como mi padre fue capitán de barco pensaba que me gustaría casarme con un pescador, ese oficio que lleva a los hombres al mar, en calma o en tormenta, yo era su tierra firme y le esperaba siempre, siempre…. Y él volvía siempre, siempre…. Lo encontré una vez, se llamaba Julián, una ola mecánica se lo llevó. Ojalá pudiera encontrar a otro pescador que buceara en mi vida.

- Ahora es el momento, hazme caso. Mañana es sábado, te espero aquí a las ocho y harás las tartas en mi cocina, aquí hay más cacharros niña, jajaja…. Te daré un pequeño sueldo, puedes traer a tus hijos, porque tienes hijos ¿no?

- Cuatro….

- Que vengan, no les dejes solos, les veremos jugar en la playa y estarás más tranquila. No sufras, yo tenía montones de pequeños hindúes a mi alrededor, de los niños siempre aprendes algo.

De los ojos de los niños yo aprendí la FE.

¿Julián? ¿Estás aquí? Se despertó de noche como años atrás pensando que le tenía a su lado.

- Tú eres luz – le dijo su sueño - Debes seguir ahí por tus cuatro hijos pero ya no me necesitas, ahora tienes tu recompensa por tu bondad en esta vida y por tener **FE**. Sigue en **FE** y todo estará bien. ¡Nos vemos, niña, jajaja!

Y Mª Luz tuvo FE y se dejo llevar.

*La vida es muy simple
pero insistimos en hacerla
complicada*

Confucio

Margarita - Los Celos

Cualquier persona que hubiera conseguido lo que ella no tenía, ya se convertía en una indeseable.

Margarita era la cuarta de cinco hijos, todos chicas menos el último. Precisamente éste, Ricardo, era su mayor pasión, se entendían como si fueran gemelos debido a la cercanía de edad. Eran los dos pequeños de la familia, se llevaban nueve, once y doce años con sus hermanas mayores.

No tuvieron una vida fácil. Quedaron huérfanos de madre a los siete años y en pocos meses vieron como Berta, la nueva mujer de papá, entraba en casa por la puerta grande acompañada de su hijo Joaquim, - que mira por donde también era hijo del mismo papá - y tenía dos años de edad.

A Berta no le entusiasmaba cuidar tantos hijos. Su vida anterior había sido la de una mujer mantenida por su amante y, como suele ocurrir, se llevaba todo lo bueno que un hombre enamorado podía ofrecer; la parte realista se quedaba en la relación del padre con su esposa y sus otros cuatro hijos. Y nada tenían que ver esas dos vidas: sexo y felicidad contra entrega y abnegación.

Como aquella situación llegó a la categoría de caos las tres hermanas mayores decidieron marcharse a iniciar sus nuevas vidas; la mayor se casó muy joven y dos se fueron de estudiantes a Francia, lo que hiciera falta para salir de allí.

Margarita, de personalidad arrogante y fastidiosa se dedicaba a cuidar del pequeño Ricardo y a pelearse con su madrastra. No contenta con ello le daba también a su cerebrito maquiavélico para encontrar con qué podía importunar al pequeñín de dos años, Joaquim, al fin y al cabo no era su hermano de verdad, pero el niño de poco se enteraba.

A los catorce, Margarita ya estaba desquiciada por los celos y optó por lo que solía hacer, escaparse. Nunca sintió la necesidad de arreglar las realidades que la vida le mandara, prefería escapar.

Y fue así como se marchó a vivir a casa de su tía dejando solo a Ricardo abandonado a su suerte. Le quería mucho, cierto, pero nunca se lo llevó con ella, le querría a distancia.

Al pasar los años Margarita se casó con un tipo de casa bien, Paco, naturalmente no podía ser pobre, pero la familia de este la caló de lejos y no quisieron aceptarla.

Su vida de gran dama no llegó ni a empezar pues su marido la amaba de verdad y optó por renunciar a su familia y a su herencia para estar con ella, lo cual interiormente no sentó a Margarita nada bien, pero qué podía hacer…..ya estaba casada y con dos hijos.

A su vez Ricardo creció como el más apuesto galán del barrio.

Guapo de ojos verdes, seductor, educado y de compostura cariñosa, las chicas le perseguían y las mujeres maduras también, era un éxito con patas, y se dejaba querer.

Con el tiempo Ricardo se casó con una chavalina de familia burguesa, Alba, que como era evidente despertaba la envidia de todas las chicas y las mujeres maduras que Ricardo había optado por dejar atrás.

Alba venia de una familia acaudalada y feliz en la que tanto sus padres como sus abuelos seguían mirándose a los ojos declarándose amor eterno pasara lo que pasara y su hermano mayor la protegía donde fuera.

Alba no conocía otra cosa que la placidez de un hogar feliz. Cuando conoció a Ricardo, supo que había encontrado su príncipe azul como correspondía a la tradición familiar.

Margarita y Alba eran cuñadas y ninguna de las dos estaba demasiado contenta con la situación, les unía un hombre que naturalmente era el hermano de una y el marido de la otra.

Ricardo tenía un comercio de electrodomésticos en un barrio medio de Girona capital. Aunque era de su propiedad él casi nunca estaba allí, siempre tenía "*trabajo*" y por ese motivo decía necesitar a las dos señoras.

En realidad a su hermana no la necesitaba para nada pero así la tenia contenta y ocupada y además le pagaba un sueldo que era por lo que Margarita hacía acto de presencia en aquel local. Y digo acto de presencia porque de trabajar trabajaba bien poco, solo hacia lo que le apetecía, atender a los clientes. La limpieza y los arreglos no solían venirle muy bien, era la gran maestra del escaqueo general.

De lunes a viernes Alba pasaba con su coche a recoger a la hermana de su marido, le venía más o menos de camino y lo había pedido Ricardo, su hermana no tenía por qué coger el autobús si podía ir en automóvil ¿no? Naturalmente cuando cerraban la tienda volvía a ser acompañada por Alba hasta la puerta de su casa.

Cada mañana Margarita desayunaba pensando en el cansancio de aguantar a Alba en el trabajo. Por la tarde no trabajaba ni los sábados tampoco, es lo normal cuando tienes dos hijos. Su marido le avisó que no debía meterse en la vida familiar de su hermano pero Paco había pasado ya a la categoría de pesado y no le hizo ningún caso.

Cada mañana Alba desayunaba pensando en la pesadez de aguantar a Margarita en el trabajo. Las tardes y los sábados su cuñada no iba porque tenía dos hijos que cuidar, aunque ella de hijos tenía tres y los dejaba al cargo de una canguro porque la necesitaban en la tienda.

Aquellas dos mujeres tenían algo en común, el fastidio de aguantarse mutuamente cada día fingiendo ser buenas amigas. Por Ricardo.

Un día al subir al coche Margarita hizo una mueca en lugar de dar los buenos días. A esa mueca le siguió otra y otra más. A cada pregunta que se le hacía se negaba a contestar de manera cordial, algo le pasaba. Con el hastío de intentar ayudarla Alba le preguntó que ocurría:

- ¡Tú ya lo sabes! Todo es culpa tuya como siempre, no entiendo como mi hermano te soporta.

- ??????????????

- No te hagas la tonta, sabes perfectamente de qué hablo.

- Pues si no me lo cuentas, la verdad, no tengo ni idea…

- ¿Y quién le dijo a mi hermano que no me subiera el sueldo? ¿crees que no sé que todo es cosa tuya?, la mosquita muerta…..

- ¡Yo de eso no sé nada! Trabajo más que tu y no tengo sueldo….

- Pues por eso mismo no me lo sube a mí, ¿Crees que mi hermano me mentiría? lo hace para que tú no te enfades, ¡tienes celos de todo!

- ¿Yo? ¿celos?

- Tú y tus celos, nunca te ha gustado que estemos tan unidos.

- ¿Por qué dices eso?

- Vale, ya hemos llegado, suerte que es viernes y no nos veremos hasta el lunes.

Y se bajó del coche sin un adiós.

No era la primera vez que Alba oía eso de los celos, parecía como si Margarita tuviera una obsesión enfermiza pensando que Alba sufría de temores espantosos hacia ella porque los hermanos estaban muy unidos, ¿y qué? Ricardo no tenía una amante, solo era su hermana, ella no tenía inconveniente con eso, al contrario.

Cuando Alba regresó a casa se lo contó todo a su marido y éste le contestó que si estaba enfadada no tenía que volver al trabajo, al fin y al cabo allí la que vendía bien era Margarita y a ella no la necesitaban, podía dedicarse a cuidar de los niños y limpiar la casa.

Y así fue como el príncipe azul de Alba se convirtió en rana.

Aquella trágica situación marcó un antes y un después en el matrimonio de Ricardo y Alba, acabó con un divorcio que llevaba como premio una depresión profunda para ella y un fastidioso miniapartamento para él, la única que se sentía dichosa era Margarita, se acabaron los celos.

A raíz de lo ocurrido Alba necesitó un tratamiento psiquiátrico que duró dos años tras los cuales se dio cuenta que no podía seguir así.

En una excursión a la playa con sus hijos pasaron por un pueblo pequeño y coqueto donde encontraron una tienda/taller de labores que fueron la delicia de esa mujer. Cambió su pasión del frustrado príncipe azul a una hermosa máquina de coser y a las clases de costura de los martes, con ellas se acabaron todos sus males y su vida volvió a la normalidad. No más celos.

La tienda de electrodomésticos quedó en manos de Ricardo que seguía sin aparecer casi nunca porque seguía teniendo "*trabajo*" y de su hermana que continuaba su tarea solamente de lunes a viernes por las mañanas, así que no hubo otra opción que contratar a una empleada que hiciera el horario y todo lo que antes ejercitaba Alba pero evidentemente con una mensualidad correcta; eso llevó a Ricardo a cerrar el chiringuito y a buscar trabajo, a Margarita a hacer lo propio y a Alba a la vida en soledad y escasez con sus hijos. En conclusión los celos atribuidos a Alba que en realidad pertenecían a Margarita lo despedazaron todo.

Y un ángel pasó por su vida

Cuando llegó el verano Margarita conoció a Helena, una andaluza que se había mudado a Girona debido a un traslado laboral de su marido. De familia distinguida y muy bien relacionada se hicieron amigas enseguida. Entre charlas y tazas de chocolate caliente se dieron cuenta que las dos sentían gran afición por el arte culinario.

Como Helena tenía recursos de todo tipo buscaron un local por el centro para poner en marcha una escuela de cocina.

Todo era genial para Margarita, ¡WOW! No más celos ni más Alba, ahora podría dedicarse a su hobby preferido, con su amiga preferida y vivir feliz entre pucheros y pasteles. Y Helena lo pagaba todo, ya lo recuperaría con los beneficios de la escuela.

Y en dos meses todo estaba listo para empezar. Pegaron carteles, hicieron folletos, se anunciaron en el periódico local y la rueda empezó a girar. Abrían la escuela con veinticuatro personas matriculadas.

- Helena ¿sabes qué? he pensado en hacer una tarta alemana de cerezas, con canela de Ceilán y helado de vainilla para acompañar.

- Oh! Es perfecto, pero creo que tenemos que empezar por los entrantes, no se construye una casa desde el tejado

- Si, si, pero mi especialidad son los postres....

- Serán los dulces más divinos de Girona.

- ¡Claro!

- Pero empezaremos por los entrantes, tenemos mucho curso por delante. El plan es primero entrantes, primeros platos, segundos platos y postres, por orden mejor.

- Bueno….., como quieras….

Cuando Margarita llegó a casa no estaba precisamente de buen humor. Paco le aconsejó calma, había tenido mucha suerte de conocer a Helena y ella se había gastado un montón de dinero en el sueño culinario de las dos, debía tener paciencia.

- Margarita, tampoco es descabellado empezar por los entrantes ¿no?

- Ya, Paco, pero a mí me hacía ilusión, no por tener más dinero que yo será Helena mejor cocinera.

- ¿Otra vez los celos?

- ¿Qué celos? ¡Yo nunca he sido celosa!

Y así fue como casi antes de empezar esa amenaza enfermiza y angustiosa apareció de nuevo en escena. Ese ángel que la sacó de su desesperanza fue también para Margarita un nuevo motivo de celosía y envidia.

Como ya has podido adivinar aquel proyecto acabó como el rosario de la Aurora como vulgarmente se dice. Helena siguió adelante y lanzó su escuela de cocina a lo más alto. Sin Margarita, claro, no había puesto un céntimo.

Paco estaba ya de su querida esposa y sus sentimientos irritantes de inseguridad y rivalidad hasta las mismísimas pelotas. Además ella ya le amenazaba con abandonarle por mirar demasiado a las madres que jugaban con sus hijos en el parque. Ella esgrimía que no eran celos sino amor, estaba enamorada, por esa razón se preocupaba por él más que nadie.

Y Margarita, que nunca había tenido celos de nadie, acabó como tenía que acabar por no escuchar los buenos consejos de su marido, su hermano y sus amigas: sin marido, sin hermanos y sin amigas.

Nuestra heroína numero tres no pudo matar a su terrible monstruo y acabó como tenía que acabar.

CELOSA Y SOLA

Así de aterradora es la enfermedad a la que nunca quiso enfrentarse.

LOS CELOS CIEGAN EL CORAZÓN

Aferrarse a la Ira es como beber veneno y esperar que la otra persona muera

Buda

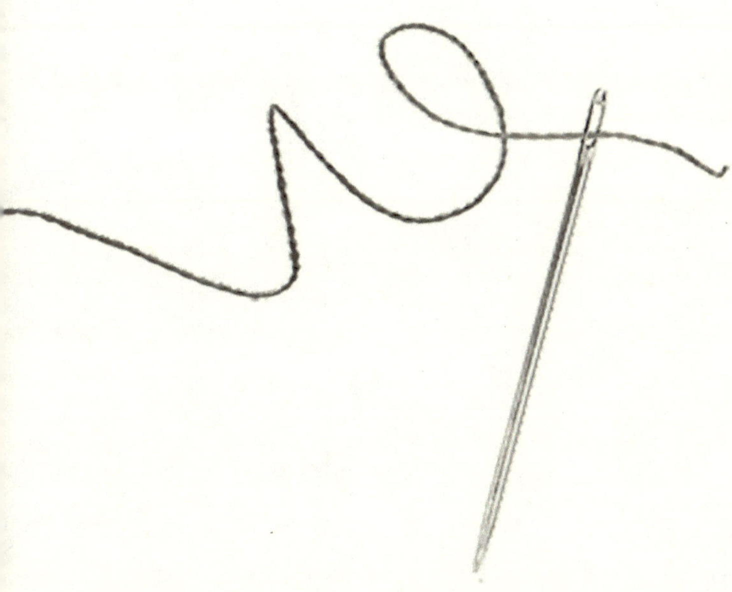

Geraldine – La Ira

Geraldine era la pequeña de cuatro hermanos y la víctima de la familia. En realidad para ella eran solamente tres hermanos ya que uno de ellos, Luis, estaba enfermo y ella le quería por lo primero y le odiaba por lo segundo, así que decidió que no contaba para casi nada, solamente cuando se sentía generosa y pasaba un rato con él.

De ojos grandes y un cuerpo más que apetecible y bien cuidado - se dedicaba a los deportes de montaña - se sentía hermosa y pensaba que esa cualidad física era suficiente para exigir a los demás que la adoraran. Y lo exigía a lo bestia.

Su madre había muerto cuando era adolescente y, a pesar de llevarse fatal con ella, Geraldine se sintió perdida, o mejor dicho, se sintió abandonada. Inés murió de cáncer muy joven y Geraldine la detestaba por haberla dejado sola, recuerda que ella era la víctima de todo y de todos, no importaba que su madre muriera enferma, lo que importaba era que a ella la habían desamparado. En verdad eso era su escudo mental pero muy en el fondo de su corazón le escribía cartas secretas a Inés pidiéndole que volviera a abrazarla. El mundo de Geraldine giraba en torno a tres palabras: pobre de mí.

No podríamos describir a esa ninfa con un solo adjetivo, una frase no sería suficiente para detallar la personalidad de esta niña más que pequeña con cuerpo de mujer. Si tuviera que hacerlo diría que es obsesiva, iracunda, insegura, malorgullosa, envidiosa, insistente, colérica, desconfiada, irritable e irritante.

También tenía la cualidad de ser muy trabajadora pero como los intermitentes de los coches: trabajar mucho en invierno para poder vaguear en verano gracias a la prestación del paro y a vivir en la Gran casa familiar donde todo era abundante y gratis. Y ya lo creo que vagueaba, no se hacía ni la cama.

Y sufría, sufría muchísimo.

Esa belleza de 23 años arrasaba por donde fuera y siempre la rodeaban Adanes que deseaban hacerla feliz por los siglos de los siglos amén hasta que llegara el nuevo día, ya que su conversación giraba siempre alrededor de la pobrecita víctima que ella era. Su Adán de turno la escuchaba hasta el clímax y se despedía de ella con el típico "*te llamo, mi amor*" sabiendo que nunca más lo haría.

Por esa razón Geraldine sufría y sufría, sólo deseaba una cosa en la vida, un buen marido con el que tener preciosos hijos, un hombre que la amara, adorara, escuchara y..... hiciera todo lo que ella dispusiera. Y claro, los Adanes pueden amar, adorar y escuchar pero lo último que quieren en su matrimonio es una víctima exigente y mandona, por esa razón la amaban, adoraban y escuchaban solamente una noche, dos a lo sumo.

Cuando Geraldine tenía 27 años su padre, viudo desde hacia tiempo, llegó a casa con una mujer de cincuenta tantos, como él, y les dijo que iban a casarse. Esos cuatro vástagos que tenían a su padre por el banco de guardia se vieron amenazados en sus herencias que en realidad no existían, pero sabiendo que las dádivas del patriarca se repartirían en cinco partes y no en cuatro, lo tomaron fatal.

Esa mujer del montón se llamaba Nieves.

Nieves, madre también de varios hijos, creía que a los "*niños*" se les tenía que educar en lugar de consentir. pero entendía que su marido les tolerara todo ya que al faltar Inés había asumido el difícil papel de **PADRE/MADRE** lo mejor que había sabido, y le admiraba por ello. Esa admiración fue decreciendo con los años y la convivencia familiar, según Nieves estaba bien mimarles pero no les debía tolerar que le faltaran a ella al respeto, ¡era su mujer!

Para evitar problemas mayores Nieves solía ceder. Tenía paciencia de santo y sabia que los veranos eran de tres meses y luego todos volverían a sus vidas de montaña y se quedarían los dos solos en amor y compañía, aunque no del todo, Luis vivía con ellos, tenía una enfermedad mental que, si bien estaba controlada, no le permitía trabajar ni independizarse.

En verdad Luis no tenía la más mínima intención de independizarse ni de trabajar para otros, se veía a sí mismo por "*lo más*" razón por la cual trataba a todos como súbditos, de ahí que Geraldine no quisiera verle demasiado. De Nieves pensaba que era su más acérrima enemiga excepto cuando quería que le arreglara la ropa, solía comprar mucha, pero esa ya es otra historia.

Geraldine tenía por costumbre pasar temporadas en la Gran casa ante la monumental alegría de su padre y el recelo de su nueva esposa. Cuando esa chiquilla tenía problemas volvía, cuando necesitaba dinero volvía, cuando la despedían del trabajo volvía, cuando se peleaba con alguien volvía. Para su padre era su chiquita y como es muy normal la acogía con los brazos y el corazón abiertos aunque - no tan normal - le abría también su cartera y todos esos problemas acababan desapareciendo como por arte de magia con la ayuda económica de papá.

Si teníamos suerte se marchaba como había venido. Si no la teníamos le daba un ataque de histeria y se marchaba igualmente con su dinero pero dando portazos.

Nieves siempre quiso ayudar a esos chicos a los cuales tenía también por sus hijos pero no le salió nada bien. Habían pasado ya casi ocho años de convivencia cada vez más frustrante para todos: padre, hijos y esposa, así que decidió obviar el problema y abstenerse de entrar en combate. La verdad era que ya le daba igual pues todos eran mayorcitos, acostumbrada a salir llorando de ese campo de batalla ya estaba más que harta de esa situación. Sabía que no podía seguir así, sabía que todo acabaría mal, sabía que no le convenía seguir aguantando. Pero amaba a ese marido suyo de ojos azul mar que cada día le daba menos amor, esa era la única razón que tenía para quedarse allí.

Una mañana de domingo hubo en la Gran casa una discusión monumental, Geraldine había llegado de viaje porque "se sentía mal", ya pasaba de los treinta y no había conseguido su objetivo.

De sus muchas amigas de la infancia le quedaban solamente tres y no se veían con frecuencia, ellas se dedicaban a sus trabajos, sus parejas y sus hijos, y a pesar que la querían sus vidas y sus necesidades eran otras y también andaban ya más que saturadas de tanto victimismo. Los sentimientos de Geraldine por ellas eran como un tiovivo de ambivalencias, **SUBIR-BAJAR, AMOR-ENVIDIA**, como todo en su vida.

Las había llamado al llegar aunque todas tenían planes familiares en domingo y una vez más estaba sola. Y una vez más no tenía pareja. Y una vez más no había hijos que cuidar. Y una vez más no tenía nada.

Y una vez más lo pagó con Nieves.

¿Quién era esa cincuentona que se había casado con su padre? ¿Por qué había tenido tanta suerte de tener dos maridos? ¡Era bajita y ridícula! Geraldine hervía de odio por todos los poros de su cuerpo ya menos escultural que antes.

A la una del mediodía en la gigantesca cocina estaban las dos cada una a lo suyo, Geraldine desayunando porque se levantaba tarde y Nieves limpiando el pescado que acabaría en una Paella valenciana. En un momento dado las dos se encontraron cara a cara y Geraldine, que rayaba la neurastenia se puso a chillar:

- Aparta joder!

- Pero… ¿Qué pasa?

- ¡Que te apartes! No sé qué haces en mi casa, vete ya de una puñetera vez!

- Geraldine…. Cálmate…

- No me da la gana, ¡fuera!, fuera de mi cocina de mi casa y de mi padre, desde que estás aquí esto no es una familia, esto es una puta mierda!

- Vale, voy a buscar a tu padre.

Pero a empujones la llevó hasta la puerta.

- Lo que tienes que ir a buscar es tu bolso y salir de mi casa cagando leches. ¡FUERA!

Y Nieves herida en su dignidad y llorando de rabia, cogió el bolso y cuatro cosas más y salió de su casa, porque aquella era también su casa todavía.

A todo esto y con tanto grito su marido estaba ya allí mirando la escena sin decir nada, sabía que cuando Geraldine se enfurecía era más que temible y lo peor que se podía hacer era llevarle la contraria, pero claro, estaba echando a su esposa….

No intervino. Le dijo a Nieves que no entendía nada, que su hija estaba enferma, y se quedó medio escondido detrás de la puerta como los niños pequeños que se portan mal.

Dejó hacer a su hija y dejó marchar a su mujer.

Nieves nunca imaginó que aquella desgracia iba a ser su mayor fortuna.

Las dos habían tocado fondo.

Por suerte era verano y el tío de Geraldine había venido a pasar unos días con ellos, se veían poco porque ya hace muchos años estableció su vida en Canadá, se llamaba Jaime.

De apariencia juvenil, a sus 46 años era un hombre atractivo y resultón con los mismos ojos azul mar que su hermano mayor. Como casi todos en esa familia le gustaba la montaña y las subía en bici siempre que podía.

De temperamento jovial, era capaz de mover sus queridas montañas si hiciera falta para conseguir sus objetivos. No le gustaban ni las peleas ni las rutinas y tendía a encontrar el lado positivo de las cosas, totalmente al contrario de su sobrina Geraldine.

Jaime también presenció la escena entre su sobrina y su cuñada y tomó las riendas del asunto intentando poner paz en la familia, pero Nieves, herida en su orgullo, ya se había ido. En un intento asertivo de respetar la forma de pensar de los demás se llevó a Geraldine a la terraza y le pidió que le explicara cual había sido el detonante de aquella situación; ella empezó a llorar desesperadamente haciendo lo que siempre le había funcionado tan bien con su padre, pataletas de pobre víctima.

Su padre a su vez le iba explicando a Jaime que su hija estaba enferma y tenía que ser compasivo con ella, esa actitud era precisamente la causa de su acérrimo victimismo, le proporcionaba premios en forma de lo que fuera, pero con los años estaba pagando un precio muy alto por su actitud, era una irresponsable.

En ese toma y daca entre su padre y ella habían obtenido dos cosas, una cada uno:

- Con un "*vale cariño, vale, tienes razón*" el padre podía librarse de los ataques furibundos de su hija que acababan siempre en terribles portazos, insultos y culpabilidades.

- Con un "*vale papá, pues a la mierda todo, yo me voy*" la hija podía seguir siendo la más desgraciada del mundo mundial, el papel que mejor representaba y que le daba un montón de réditos.

Así que Geraldine no tenía la más mínima intención de sanarse.

Y un ángel pasó por su vida.

Jaime era paciente y reflexivo y le hizo ver a Geraldine que aquella actitud histérica no la llevaba por buen camino, que tenía que encontrar una solución a sus problemas de irritabilidad, que así acabaría mal. Y ella, que ya visitaba a una psicóloga de vez en cuando, pensó, **SÍ, PENSÓ**, que su tío tenía razón, tal era el dolor que sentía en ese momento, interiormente ya se veía demasiado mayor para seguir viviendo a base de rabietas.

Sus visitas anteriores con Marta, su asesora, eran de soltar y soltar rayos y centellas por la boca, deshacerse de la bilis que le provocaban sus amantes esporádicos y el amor/odio que sentía por sus amigas que sí tenían lo que ella ansiaba, pero esas visitas la apaciguaban solo 48 horas y volvía a las andadas.

Ahora entendía que Jaime se había dado cuenta de todo y lo que era peor, que ya no era una niña. Por primera vez en su vida vio como un adulto le hablaba a ella como adulta y no como a su querida hijita. Eso le gustó, y eso también le dolió; ante ella se abría un nuevo horizonte, tenía que empezar a hacerse cargo de su vida, pero…. ¿Por dónde empezar? Y sobre todo…. ¿qué diría la gente? ¡Ella tenía razón!

Con Jaime se podía hablar, ella le escuchaba porque era una nueva figura paternal que no la trataba como niña sino como mujer. Creyó que lo mejor para ella era marcharse a su casa para recapacitar sobre lo ocurrido en soledad. Le dio una serie de recomendaciones empezando por relajarse, y debía llamar a Marta y pedir hora urgente.

Para Geraldine, Marta era la persona que la escuchaba y le daba algún consejo de vez en cuando, sobre todo era alguien que no la mandaba a freír espárragos cuando ella soltaba sus amarguras pero muy poco más. Sin embargo Jaime era lo contrario, no quería escuchar sus batallitas pero le daba seguridad, así que le hizo caso y llamó.

- Hola, soy Geraldine, ¿tienes hora para mi? Ha de ser rápido, he tenido un problema horrible....

- Sí, claro, tengo un hueco mañana a las seis.

- Vale, pues vengo.

A las seis del día siguiente ya estaba con su ira en reposo, todo eran lloros, de nuevo la mayor víctima en acción.

Marta la escuchó como siempre hacía y le dijo:

- Bien guapa, una más, ahora quisiera saber si realmente quieres que te ayude o si solo te sirvo para vomitar tu irritación, eso ya lo hemos hecho y de poco te sirve.

- ¿Crees que estoy aquí para vomitar? ¡Si que vamos bien!, ¿no me ves como estoy?

- La pregunta que debes hacer es ¿Tú ves como estás?

- ¿Por qué crees que he venido?

- Porque lo ha dicho tu tío. Y para seguir con el victimismo. Te voy a decir algo, creo que no tienes remedio.

- ¿Cómo? Tú que te has....

- Ni se te ocurra empezar a chillar, yo no soy tu padre. Podría ayudarte si entiendes que la responsable de tus males eres tú y nadie más, si no lo haces te morirás de vieja chillando y sola, nadie te aguantará en este estado y tu papi ya no va a estar para consolarte. Has hecho bien haciendo caso a tu tío pero ahora estás sola, ¿qué quieres hacer? Va a ser muy duro pero peor será tu vida si no cambias de actitud, espera y verás….

Estaba alucinada, nunca Marta le había hablado así. Y de nuevo esa ambivalencia de placer y dolor, la trataban de adulta pero le dolía como nunca.

- Puedes pensarlo. Si quieres mejorar ven mañana, a las seis, con una lista de cosas que puedes mejorar. **¡NO** quiero quejas! He dicho cosas que puedes mejorar, que pretendes que mejoren en tu vida, empezaremos por ahí. Si no vienes no creo necesario que vuelvas a llamar. Puedes hablar con tu tío si quieres pero no con tu padre, tiene buena intención pero no ayuda a tus problemas, se limita a quitártelos de encima, flaco favor.

- ¿Eso es todo?

- Será todo si no vienes, si lo haces será un principio, prepárate.

Llamó a Jaime para quejarse pero él no la escuchó, le aconsejó hacer la lista y empezar, y ese fue el mejor consejo que le habían dado en su vida.

Geraldine acudió a la cita con una lista de ocho puntos:

1- La gente no me entiende.

2- Mis amigas me dejan de lado.

3- Mis novios me abandonan.

4- Mi jefe no me valora en lo que valgo.

5- Nieves no me quiere.

6- Mi hermano Luis me roba ropa.

7- Me estoy engordando.

8- Me cobran demasiado alquiler por mi piso.

- ¡Muy bien Geraldine! Tu lista me da a entender que solamente tienes un problema.

LA IRA, EL VICTIMISMO.

Marta le hizo entender que la envidia le hacía desear lo que otros tenían provocándole tristeza y resentimiento, por eso no se esforzaba en mejorar y se daba al victimismo y a las rabietas con tanta facilidad.

Su autoestima estaba por los suelos y era la razón del abandono de amigos y parejas. Tampoco ayudaba que le solucionaran los problemas económicos con tanta facilidad y por esa razón no se hacía responsable de su vida.

- La envidia es el disfraz que te hace parecer preocupada por todos cuando en realidad les tratas con sarcasmo y grosería. Tranquila, podemos arreglarlo.

Debes apartar la Ira de tu vida

Establecieron unos pasos a seguir de manera lenta pero segura, despacio y con buena letra; cuando se asumía una etapa se pasaba a la siguiente. Así fue como Geraldine, gracias a su esfuerzo y los consejos de Marta, pudo empezar a rehacer su vida.

Habían pasado dos años cuando Jaime apareció de nuevo por el Pirineo, iban de excursión en bicicleta con su mujer y sus amigos y llamó a su sobrina.

- ¿te vienes de excursión? Haremos barbacoa.

- ¡Ya lo creo! Tengo mucho que contarte.

Cuando una mujer se vuelve a casar es porque desaprobaba a su primer marido. Cuando un hombre se vuelve a casar es porque adoraba a su primera mujer.

El retrato de Dorian Gray, Oscar Wilde

Nieves – El renacer de la luz

Nieves nunca imaginó que aquella desgracia iba a ser su mayor fortuna.

La gran casa se llenó de gritos.

Nieves estaba llorando de impotencia, ya no podía más, tantos años intentando formar una nueva familia para acabar así, con una cría de treinta y cuatro gritándole histérica que se marchara.

Durante toda esa mañana se había sentido intranquila. Ese domingo tenían una comida de tíos y primos de su marido, a ella le repateaba esa familia, siempre pensando en que todo lo suyo era lo excelente, los demás eran como mucho tontos. Se había estado diciendo que lo mejor era tener paciencia, que en todas los matrimonios hay altibajos, que el suyo no era lo que ella creía que sería pero su anterior relación había sido mucho peor.

¿En serio? ¿Peor?

Nieves se acordaba de las enormes dificultades que había pasado para deshacerse de su anterior pareja, un narcisista huraño con gran complejo de inferioridad por sus casi 100 kilos de peso llamado Alejo.

El tal Alejo era informático aunque en su tarjeta de presentación ponía "*Computer Engineer*", siempre dándose bombo para sentirse importante. Le conoció en una de esas salidas de chicas de cuarenta y tantos, solteras o divorciadas, que están sin pareja y buscan relaciones esporádicas que pudieran convertirse en eternas, porqué no.

Una de sus amigas había quedado con un tal Mario por Internet y se tenían que conocer esa noche, él iría con traje azul porque salía del trabajo. Quedaron en un bar de copas muy conocido donde se hacían los mejores cocteles de la ciudad.

Con dos Martinis en el cuerpo vieron entrar un traje azul cubriendo el cuerpo de ese hombre que estaba bastante bien: pelo un poco largo, corbata de seda, mirada segura…, todas pensaron que era Mario pero ninguna se quiso acercar para comprobarlo.

Como Nieves era la única que no tenía interés por hacer nuevas amistades masculinas les dijo que iba a investigar para que el tal Mario no se perdiera entre todas las otras caperucitas sexis rojas que le estaban mirando con caras de loba.

- ¡Hola! ¿Eres Mario?

- …. Por desgracia no….

- Oh! Perdona buscábamos a Mario pero no le hemos visto nunca, quedamos por teléfono.

- Pues no busques más, Soy Alejo y estoy encantado de haberte conocido, si lo prefieres puedes llamarme Mario pero no sé si contestaré, ¿me presentas a tus amigas?

Desde lejos las cuatro fieras miraban acercarse a Nieves con el hombre de mirada interesante, eso iba a ser una competición.

- Chicas, falsa alarma, éste no es Mario pero dice que tendrá mucho gusto en conoceros.

- ¡Vaya! Pues quizá hemos salido ganando, soy Maribel, la que quedó con Mario pero no me importa nada si no viene ahora que te he visto.

La chica del desparpajo era alta, delgada, con una melena rubia ondulada hasta la cintura y grandes ojos azules. Todas las demás se presentaron a sí mismas ya derrotadas.

Entre risas y copas pasaron allí unos cuarenta minutos y alguien propuso ir a cenar; el tal Alejo pagó todas las rondas de copas y picapicas, un encanto de galán.

Eran ya casi las once de la noche y decidieron ir al Barcanova, les había entrado hambre. Si me oyera mi abuela me reñiría:

"No se dice tengo hambre, se dice tengo apetito, no seas vulgar nena"

Seis personas no caben en un coche, necesitamos dos, dijo Maribel mirando pícara a Alejo.

- Yo tengo el mío en el Parquin, ya me llevo a Nieves.

Y todas nos quedamos flipando, incluida yo.

De allí nos dirigimos a la tasca Barcanova donde hacen una serie de tapas y platillos que quitan el sentido; y si además te tomas cuatro botellas de Rioja entre seis pues mucho menos sentido te queda. Decidimos entonces que podíamos salir a bailar con gran alegría.

Alejo y Nieves no llegaron a la discoteca.

De nuevo en el coche Alejo le pegó un besazo a Nieves de esos de tornillo.

- Pero ¿qué haces?

- Bésame...

Y ella, que aquella noche no hubiera salido a la calle porque estaba divinamente solita, se vio envuelta en un carrusel de besos y toqueteos de todo tipo del que no quería bajarse.

Aparcaron en un lugar con poca luz para seguir su locura sexual pero ella le paró.

- Tendrás que perdonarme, no era mi intención que pasara nada de esto, será mejor que llame un taxi.

- No necesitas taxi, yo te llevo.

En silencio llegaron al portal de su casa y cuando ya bajaba del coche él le pidió hablar:

- Nieves, la rubia esa de melena larga estaba buenísima pero no hubiera sido más que una diversión, un alto en el camino del hombre casado y hastiado de su vida.

- Ya imaginaba que estabas casado.

- Yo diría mal casado, mi matrimonio está roto, por eso salgo por las noches.

- Como todos los casados que son infieles a sus mujeres con la excusa del trabajo.

- Sí, como todos esos, pero en mi caso los dos hacemos lo mismo, seguimos juntos por los niños.

- Excusa de libro amigo.

- Cierto. Pero real.

- Bueno, no tienes que darme explicaciones, yo no esperaba nada de esto, ha sido un placer y no es una frase hecha pero hasta aquí hemos llegado, buenas noches.

Nieves se bajó del coche y no volvió a verle…. Hasta el día siguiente. Su amiga la rubia le había dado una tarjeta por si acaso quería llamarla y Alejo la llamó, para pedirle el teléfono de Nieves.

- Lo siento majo, no te lo doy, no era esa la intención cuando te di mi contacto y además tampoco tengo permiso para hacerlo, que te vaya bonito y no me llames más.

Pero él no estaba dispuesto a dejar las cosas así, sabía donde vivía Nieves, la había acompañado a su casa el día anterior y se fue para allá, en algún que otro momento la encontraría.

Aparcó su Audi dorado al otro lado de la calle, aquel coche era tremendamente llamativo, a cien metros de allí Nieves lo vio.

Subió al cochazo y sin mediar palabra se enredaron de nuevo en un juego de besos implacable. Se dieron cuenta que aquel deseo era demasiado fuerte para apagarlo con dos cervezas y se fueron a un hotel.

Sobre las cinco de la madrugada y después de tres fogosos polvos como se dice vulgarmente, Nieves y Alejo se despidieron hasta nunca pero no fue así.

Esa relación duró catorce meses de amor entre dos almas que se creían gemelas y se habían encontrado.

Pasado ese tiempo Alejo le dijo a Nieves que había alquilado un piso y que ya no tendrían que buscarse la vida para sus encuentros, se separaba de su mujer a finales de mes.

Todo fluía de maravilla, eran felices y comían perdices. Un día decidieron que tenían que presentarse sus mutuos hijos porque aquello iba tan en serio que formarían la familia ideal.

Una tarde de sábado se encontraron en un parque; los niños bien aleccionados sabían que se encontrarían con sustitutos de su verdadera madre y de su verdadero padre, pero era normal, el 65% de sus amigos ya habían pasado por eso, y no parecían traumatizados.

Un poco incómodos al principio se fueron soltando entre juegos de raquetas y escondites hasta acabar la tarde juntos cantando canciones hasta la hora de retirarse a casa.

¡Prueba superada!

Y la prueba siguió superada un año y medio más.

Por difícil que parezca eran la pareja perfecta y todo tiraba a las mil maravillas, por esa razón se plantearon vivir juntos.

Preguntaron a sus respectivos hijos; los de Alejo eran pequeños y dijeron que sí sin saber demasiado bien que implicaba eso. Los de Nieves dijeron que sí sabiendo que aquello no era del todo bueno pero se callaron, su madre era feliz como nunca y tampoco les haría mucho caso si se negaban.

Y así fue como en una semana vaciaron el piso de alquiler y se instalaron en el piso exterior y soleado de Nieves, un hogar de cuatro habitaciones, dos baños, gran terraza y jardín con piscina que era la verdadera razón del sí de los niños de Alejo.

Al organizar las habitaciones las chicas de Nieves ya arrugaron el morro, pasaron de una cada una a una compartida pues montaban otra para Andrés y Eduardo, los chicos de Alejo.

Hasta ahí todo más o menos normal, lo anormal era que la habitación más bonita y grande fue para los recién llegados bajo la atenta y rabiosa mirada de las niñas.

¿Este no era nuestro padre adoptivo, ese hombre sonriente y juguetón? ¿Por qué ahora se enfadaba y las sacaba de su habitación?

Nieves aceptó todos los argumentos de Alejo y les dijo a las niñas que tampoco era tan grave, su habitación también tenía ventana al jardín.

A los seis meses de convivencia la vida de Nieves ya necesitaba oxígeno. Alejo había dejado el trabajo según él porque no le valoraban en sus méritos y buscaba algo más adecuado a sus habilidades. Nieves no tenía que preocuparse porque así todos sus hijos estarían acompañados a la salida del cole.

En esta nueva vida todo se complicaba, sólo entraba su sueldo en la unidad familiar y Nieves tenía que hacer malabarismos con el dinero mensual. De nuevo Alejo salió en su auxilio y le dijo que ya se cuidaría él de administrar el poco capital que manejaban: *"parece que tienes cinco agujeros en lugar de cinco dedos"*.

Cada noche al llegar a casa María, Carla y Ramón la esperaban con los brazos abiertos deseando quitarse de encima a ese monstruo. Cuando él se dio cuenta los castigaba a permanecer cada uno en su habitación, no podrían saludar a mamá hasta que se portaran bien.

- Tenéis que aprender de vuestros hermanos, ya han acabado los deberes y pueden ver la tele.

- ¡Solo tienen siete y nueve años! ¡no tienen deberes!

Pero todo era inútil, seguirían castigados.

Nieves vivía acelerada entre el trabajo y la rápida vuelta a casa para que sus hijos pudieran estar más con ella y menos con él. Al llegar a casa Alejo la agasajaba con buenas cenas, ramos de flores y palabras bonitas pero había mucho silencio detrás de aquellas palabras.

Un día en que el jefe de Nieves estaba enfermo su compañera de trabajo la invitó a desayunar, podían salir un rato sin problemas.

Y un ángel pasó por su vida

- Nieves hija, tú no eres la misma, ¡estás horrible! ¿No deberías ser feliz?

- ¡Soy muy feliz!

- De eso nada maja, te conozco hace siete años, estás fatal, ese nuevo novio tuyo tan educado y maravilloso a mi no me ha engañado nunca, es un narcisista de cojones, y tu eres su suplemento.

- ¿Su suplemento?

- ¿Recuerdas cuando estuviste dos años visitando al psiquiatra después de tu divorcio? Pues ve a verle y le preguntas lo que es un suplemento, te abrirá los ojos.

Había pedido una tarde libre en el trabajo para asistir a la cita con su psiquiatra, no se lo contó a nadie.

- Un suplemento de narcisista es su instrumento, su fuente de suministro, quien le aporta todo aquello que no puede darse a sí mismo. ¡te sientes así?

Se sentía así exactamente. Era la que trabajaba, la que no tenía dinero porque lo manejaba él, no podía educar a sus hijos porque los educaba él, la responsable de todo lo malo que ocurría en la casa según él….

Alejo era maravilloso, la agasajaba, la llamaba "*mi gordita*" de forma cariñosa aunque a Nieves le sonaba a "*vaca burra*", había engordado nueve quilos pero a Alejo no le importaba.

- Un narcisista cree que su suplemento tiene que pensar y sentir como lo hace él mismo; le deja sin identidad, por esa razón anula su autoestima y por la misma razón le aparta de sus seres queridos que le aconsejarían que se libre de ese tipo lo antes posible.

Dios santo…., hace al menos seis meses que no encuentro el momento de visitar a mis padres….

- Es dominante, posesivo y antipático en casa pero seductor y fascinante en la calle. Lo que quiere es que tú seas envidiada por la suerte que tienes al tener a tu lado un hombre tan maravilloso. No le importa tu suerte, le importa ser el "**MARAVILLOSO**", tiene una necesidad enfermiza de admiración y hará lo que haga falta para obtenerla, incluso apartar a todo Dios de tu camino, solo importa él.

Y su psiquiatra siguió contándole todo lo que a ella le pasaba y lo que le seguiría pasando si continuaba viviendo con ese individuo, la cosa iría siempre a peor. Ahora tenía clarísimo porqué a su anterior esposa le parecía estupendo que se fuera a ligar por las noches, necesitaba quitárselo de encima, se cansó de ser suplemento.

- Y lo peor de todo Nieves, el auténtico narcisista no siente nada por nadie que no sea su persona, lo único importante para él es su propio bienestar, no te creas nada de lo que te diga; nunca te quiso no te quiere y nunca te querrá. No le digas que sabes esto o caerá sobre ti la tercera guerra mundial.

Llegado a este punto Nieves se sentía como bajo arresto domiciliario. Su lucha interna era terrible, nadaba entre las aguas del amor por sus hijos y las de hacer todo lo que Alejo quería para que no fueran ellos precisamente quienes lo pagaran, pero lo acababa pagando ella pues Maria, Carla y Ramón la culpaban de todo. Cada día de su vida en esa época acababa con un Game Over en el sentido de *"estás muerto"*.

A la semana siguiente al regresar del trabajo en casa solo encontró a Carla:

- ¿Donde están todos?

Carla, su hija pequeña que ya tenía quince años la miró seria y le dijo:

- Los niños con su madre. Alejo ha salido. Maria y Ramón se han ido a casa de papá.

- ¿Por qué se han ido? Y ¿tu porqué no?

- Han tenido una terrible discusión con Alejo, María ha llamado a papá y les ha venido a buscar, yo no he querido ir con ellos.

- ¿Otra discusión? Uff… tendrías que haber ido con ellos, no quiero que sufráis más, tengo que solucionar esto de una vez por todas…. ¿Por qué no te has ido con tus hermanos?

- Le he dicho a Alejo que yo no me voy del lado de mi madre ni por el imbécil del novio de mi madre. Le he dicho también que mi padre estaba abajo esperando y que si quería algo se lo dijera a él. Se ha quedado a cuadros y se ha marchado.

Nieves era la que estaba a cuadros, su hija solía estar callada aceptando esa vida de miseria, llorando a solas, nunca se quejaba, Alejo no debía esperar esa reacción de Carla, por suerte se marchó.

Cuando Alejo volvió traía una caja de bombones y un vestido de seda natural para ella; iba arreglado como para una boda.

- *"Mi gordita"* mira que te he traído.

- ¿Y mis hijos?

- Han querido ir con su padre y he pensado que podemos salir a celebrar nuestro aniversario, fue la semana pasada y no pudimos hacerlo con tantos niños.

Nieves no era persona de demostrar sus sentimientos. Supo en ese instante que tenía un monstruo a quien vencer y que no lo lograría por la fuerza, tenía que ser precavida.

Se fue al lavabo para ducharse y arreglarse y salió del baño como una aristócrata con su vestido nuevo.

- Carla, hija, te quedas sola, ¿vale? Nos vamos de fiesta le dijo a su hija guiñándole un ojo.

Se convirtió en una actriz de Oscar. Su psiquiatra le dijo una vez que las mujeres son poderosas aunque no lo sepan, que se aperciben de ello cuando tienen que luchar a vida o muerte y que si reúnen fuerzas suficientes sobreviven.

Nieves, las mujeres sois poderosas, solo tenéis que mirar al cielo y llenaros de la luz de las estrellas, allí descubrís que existe toda una galaxia de belleza y felicidad en vuestro interior, allí os espera una vida nueva, allí fuera, lejos de vuestros verdugos está Andrómeda.

Nieves le regaló a Alejo una noche de amor y felicidad que él no olvidaría nunca. Fue la última, fue su venganza.

Cuando Alejo despertó Nieves y Carla habían salido. Un abogado con gafas John Lennon y pelo largo rizado llamó a la puerta.

- Buenos días: ¿el Sr. Alejo Cumillas?

- Si....

- Soy el abogado de Nieves, vengo en son de paz pero tendrá Ud. que marcharse de esta casa, la propietaria a decidido que ya no es bienvenido aquí. ¿lo hacemos por las buenas o llamamos a la poli?

Volviendo al tema que hablaba antes, la gran casa se llenó de gritos y Nieves no podía creer que una niñata egoísta y maleducada la estuviera empujando hacia la salida para echarla, aunque sinceramente no era esa la situación que le dolía, sino el ver a su marido con cara de turbación escondiéndose detrás de la puerta.

Habían tenido épocas de discusiones y roturas y otras de reconciliaciones. Job era viudo de una mujer **ALTA**: yo llamo "*Alta*" a la heroína anónima, esa especie de mujeres que piensan siempre en dar, que aportan allí donde van, mujeres cuya cara de abnegación es una sonrisa y que son admiradas por como son. Le habían puesto el listón muy alto pero creyó que Job la entendió cuando le dijo que ella también era una mujer ALTA aunque totalmente diferente.

- ¿Sabes decirme la diferencia entre una naranja y una manzana? Son frutas distintas pero igual de valiosas por naturaleza, no se pueden comparar pero tampoco una es mejor o peor que la otra.

Con este símil Job asintió, lo había entendido: dos mujeres distintas te darán cosas distintas pero pueden ser igual de meritorias.

Recordó con cuanto miedo hizo caso a ese hombre que la había convencido que todo sería diferente y maravilloso si se casaban. Se dejó convencer pero nunca fue así en realidad.

Nieves recordaba sus años con Alejo y se prometió a sí misma lo que nos prometemos todas cuando sufrimos, lo sabes ¿verdad?:

Nunca más un hombre en mi vida.

Pero cedió ante Job.

Al subir a su coche emprendiendo la huida sentía otra vez miedo, un miedo algo irracional que la atrapaba y nublaba sus pensamientos. Y pensaba en todo aquello que iba a perder a partir de entonces. También en todo lo que podría ganar.

Se podría resumir su estado en un sentimiento interno contradictorio, un pollo agridulce, una lluvia con sol… tenía

Miedo y Esperanza

Como dije antes, Nieves nunca imaginó que aquella desgracia iba a ser su mayor fortuna.

En los cien quilómetros que la separaban de su piso lloraba y reía, sentía soledad y liberación, vacío y plenitud.

Tenía un millón de preguntas hacia sí misma:

- Y si….

- Quizá deberías….

El viaje se hizo eterno sintiendo el corazón desgarrado pensando en su invisible marido. De todos los demás te podías esperar cualquier cosa pero no de Job…, nunca advirtió que fuera tan cobarde.

Desde el coche hizo una llamada a su amiga Alba. Alba tenía un taller de costura donde se conocieron un día en que Nieves entró a comprar unas madejas de lana, era aficionada a tejer. A primera vista ya se cayeron bien y siguieron manteniendo una amistad relajada que suavizaba sus momentos amargos.

Alba conocía a Job porque habían coincidido tres o cuatro veces y continuamente le comentaba que ese hombre tan bueno no era para ella:

- No es suficiente con ser bueno, los prefiero un poco canallas pero que te amen de verdad. Este tío se pasa poniéndote a su primera esposa por ejemplo, no es en absoluto un hombre para ti, no aprecia lo que vales.

- Lo hace sin maldad. ¿recuerdas a Alejo? Ese sí era un cabrón de mierda pinchada en un palo.

- Todos los que no han matado a nadie son muy buenos pero no quiere decir que no puedan amargarte la vida. Nieves, tu brillas con luz propia y él enciende una linterna para verte y aún así no te ve.

En la hora y media que duró ese viaje Nieves dejó salir a la luz todos los pensamientos encerrados bajo llave en su corazón. Ya no hacía falta reprimirlos ni ignorarlos; hacía tiempo que estaban allí pero ella no les hacía caso, ahora ya podía escuchar su voz interior.

- Lo cierto es que nunca me quiso a mí, se quería a él, y me quería para él, para no estar solo.

- Te llenó de etiquetas que le eran cómodas para no atreverse a ver quien eras en realidad, no quería hacerse cargo de ti, nunca quiso saber lo ALTA que eres para no afrontar que vales tanto como su primera esposa, o ¿te esconde porque intuye que vales más que ella? ¡Eso ni hablar!

- Pero entonces….. ¿Por qué te niega tanto?

- ¿Cómo te llamó? Una buena chica que se hace querer, ya ves cuanto amor….

- Y te hiciste querer hasta que fuiste incómoda. Sus hijos estaban en contra y él **NUNCA** se enfrenta a sus hijos, les tiene pavor, pueden ser muy despóticos cuando les contradices.

- Le sobrabas. Su hija le hizo el mayor favor de su vida, por eso se escondía detrás de la puerta, para no tener que decir *"quédate"*, para no tener que decir *"vete"*, para no tener que decir *"lo siento"* ya no te quiero en mi vida.

Y así durante 100 kilómetros.

Aún no podía llorar.

Al llegar al pueblo Alba ya la estaba esperando en el portal, no quería dejarla sola porque sabía que la iba a necesitar.

Te cuento que entre el abogado de gafas John Lennon y otro que le buscó a Job un primo suyo, por supuesto uno de los mejores de la ciudad, se firmaba el divorcio de mutuo acuerdo en cinco meses.

El día de la firma él estaba como siempre: educado, en plan *"yo soy Jesús el Magnánimo"*, preguntando por mi madre y por mis nietos – que le importaban un rábano – y mirándome de forma condescendiente, siempre en su papel, el hombre más bueno del planeta como todos saben.

Yo, por mi parte, había vaciado todo mi interior en un diario según indicaciones de mi psiquiatra.

- Nieves, esta vez no me necesitas ni pastillas tampoco. Sigue mis instrucciones: busca una libreta que te guste, no una de esas de espiral típicas de los escolares sino una que te haga sentir que está hecha para ti, las hay en las papelerías. Entonces debes hacer exactamente lo que te voy a prescribir:

VACÍA TODO TU INTERIOR

- No importa lo que escribas, solamente escribe, escribe, escribe…. Y no releas.

- Hazlo durante al menos tres meses.

- Pasado este tiempo puedes releer, te darás cuenta de que había muchas cosas en ti de las que no eras consciente ni de lejos. Eso te dolerá.

- Ahora ya puedes empezar el paso siguiente:

PERDÓNATE

- Eso te dolerá aún más. Es muy difícil darse cuenta que en esta vida los de tu entorno juegan un papel secundario.

TU ERES LA ÚNICA RESPONSABLE DE TU VIDA

Durante casi un mes sollozó todo lo que escribió, la mayoría "*hablando*" con su ex-marido. Todo lo que nunca le dijo en su matrimonio se lo escribió en ese diario, todo lo que había descubierto y aborrecido en su interior. Hasta que un día ya no lloraba, era el principio de su nueva vida en la que ya no se dejaría avasallar ni por narcisistas ni por santos disfrazados, se reencontró a sí misma y quería vivir.

A los dos meses de la firma del divorcio Nieves ya tenía fuerzas para ir a buscar algunas de sus cosas que todavía estaban en la gran casa y llamó a Job que – caballeroso como siempre – le contestó: "por supuesto, cuando quieras".

Ella deambuló unas dos horas por allí recogiendo cosas y dejando otras en bolsas.

Como nadie la vigilaba puso su plan en marcha: había escrito mucho, se había vaciado, había llorado, se había perdonado, podía vivir una nueva vida.

Todo eso era real pero le faltaba algo para poder empezar: sacó de su bolso su diario cuidadosamente envuelto y la carta que dirigía a su ex-marido.

De esta manera se marchó de la gran casa para siempre.

Job no sabía que le dejaban un "regalito" bajo su almohada. Tampoco que las bolsas que quedaban allí las tendría que tirar, Nieves pensó que así se sentiría mucho mejor.

Por tu fantasía de pensar que sabías siempre como yo era y sentía tienes ante ti mi realidad. Has tenido la suerte de casarte con dos mujeres ALTAS en tu vida y no te has dado cuenta. Te regalo una cita del libro "El guerreo pacífico", quizá te ayude a reflexionar para mejorar tu existencia:

"La muerte no es triste, lo triste es que la gente no sepa vivir. Cuando por fin logres vivir el presente, te sorprenderás de todo lo que puedes hacer y lo bien que lo haces".

Y así, sintiéndose totalmente liberada de sus quince años anteriores Nieves pensó que había recuperado lo que realmente era, todas sus virtudes y sus defectos, pero suyos, no enumerados por otros. Y así sintió algo importante:

VOLVÍA A BRILLAR CON LUZ PROPIA

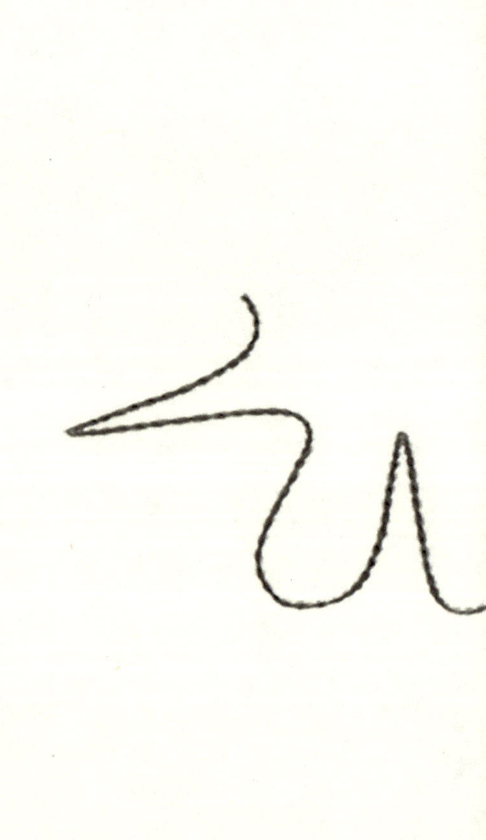

*Nunca pienses que lo sabes
todo. Por mucho que te valores,
ten siempre el coraje de decirte
a ti mismo: Soy un ignorante.*

Ivan Pavlov

Elisenda – La intolerancia

Tirada en la carretera con el capó del motor abierto observaba aquella columna de humo que se iba deshaciendo a medida que subía hacia el cielo:

- Igualito que mi vida, intento ir a cualquier sitio y todo se tuerce acabando en humo…

A Elisenda le parecía que la vida siempre le mandaba pelotas con efecto para que no pudiera cogerlas. Cogió su bolso para pillar el teléfono móvil y poder llamar a la grúa que la sacaría de aquella desgracia para llevarla de cabeza a la siguiente, un taller donde le repararan aquella "carraca" mecánica, y de paso también se dejaría allí el poco dinero que le quedaba ese mes.

Después de hacer la llamada solo podía esperar. Se sentó en el asiento del copiloto con la puerta medio abierta para que entrara aire. ¡Cómo echaba de menos el tabaco!. Había decidido dejar de fumar tres semanas antes, pensaba que era lo mejor para su salud y la de todos los que la rodeaban, pero no solo era eso, casi todo en aquella época de su vida tenía una razón más real, el dinero, o mejor dicho, la falta de él.

Esperando estacionada en medio de ninguna parte creyó que lo mejor que podía hacer era tranquilizarse con el fin de no ponerse a llorar, ya lo había hecho dos veces aquella mañana cuando salía de sus dos mierdas de visitas a las mierdas de tiendas, con sus respectivas mierdas de propietarias y sus mierdosas razones para no comprarle absolutamente nada.

Elisenda había adquirido la costumbre de hablar sola como consecuencia de estar precisamente sin compañía 24 de las 24 horas del día aunque cada día volvía a casa:

- Tengo que encontrar una salida, no puedo seguir así, quizá debería cambiar de trabajo, o pedir ayuda a mis hermanas, o…mmmmm….

- Vale Elisenda, ya estás como siempre dándole a la materia gris llamada así porque todas las ideas que te aporta son más grises que el uniforme de un enterrador.

- Por cierto Elisenda, ¿Qué vas a hacer?

- Pues voy a suicidarme para dejar de pensar, ahora vuelvo…

Y así, con los ojos cerrados, iba dejando pasar el tiempo hasta que un príncipe de mono azul manchado de grasa y un corcel blanco en forma de grúa llegaran a rescatarla.

Tan solo siete años antes todo era diferente. Elisenda tenía un trabajo estable en el Instituto de secundaria del pueblo de Torrevella, era la subdirectora y lo hacía todo, y todo era todo. El Director, un capullo que nunca iba a trabajar, le dejaba a ella que decidiera cualquier cosa siempre que no implicara gastar dinero. Ese capullo se llamaba – o se sigue llamando porque no se ha muerto – Salvador.

Salvador era observador, dinámico y codicioso pero muy poco trabajador. Descendiente de cuatro generaciones de la burguesía barcelonesa se tomaba sus quehaceres como un hobby que le proporcionaba riquezas y los dejaba en manos de especialistas en los diferentes oficios; era propietario de una inmobiliaria, un concesionario de coches de la marca Porsche y del Instituto de secundaria del pueblo, un colegio concertado.

Gracias a la inmobiliaria se había apropiado por poquísimo dinero de unas cuantas casas en la mejor urbanización del pueblo, justo frente al mar y al puerto deportivo; se enteraba de personas que morían o no podían hacer frente a carísimas hipotecas pactadas antes de la crisis cuando todos compraban alegremente sin pensar que sus vidas podían torcerse a peor. Así pues, las mansiones más selectas eran suyas y las alquilaba por pequeñas fortunas los meses de verano a ricos empresarios del Este del mundo.

El concesionario era en realidad su pequeño museo, tenía 38 coches de la marca, el más antiguo una reliquia de 1948, el Porsche 356, un deportivo descapotable plateado impecable gracias al mejor mecánico del país que lo había restaurado por dentro y por fuera buscando por el mundo mundial todos los recambios originales al precio que pidieran, ahí no se ponían límites. De vez en cuando se vendía un Cayenne, el nuevo modelo, que amortizaba los gastos.

El Instituto era suyo porque su abuela materna había montado una pequeña escuela cuando el pueblo no llegaba a los 1000 habitantes y la fue agrandando a medida de las necesidades y de los nacimientos. El edificio singular catalogado de interés arquitectónico acabó en sus manos y el Ayuntamiento le pidió que continuara con la labor porque no podían pagar el desorbitado precio que tenía tasado. Y en un gesto de espléndida generosidad él accedió, a cambio, claro está, de no pagar los impuestos municipales los siguientes cincuenta años.

De esa forma el Instituto siguió adelante a trancas y barrancas hasta que una abnegada Elisenda apareció por allí un día con un excelente Curriculum Vitae en la mano, medio verdad medio mentira, pero que le vino al pelo al Director que no acertaba con los anteriores candidatos.

Elisenda empezó a trabajar al día siguiente.

Con zapatos de medio tacón y un traje de corte Chanel apareció ese miércoles por el colegio con el contrato firmado.

Se dirigió al despacho del Director pensando que sería formalmente presentada al personal docente pero para su sorpresa el bedel del Instituto le entregó un sobre a su nombre:

- De parte de Director, señorita Elisenda.

Haciendo justicia a su apodo el capullo le daba las gracias por tomar las riendas de la institución, unas llaves de todas las puertas que quisiera abrir y le decía de forma educada que se espabilara sola, él tenía un viaje de negocios, un negocio en forma de modelo pelirroja que no se dejaría perder.

Y así fue como Elisenda emprendió ese camino que duró cinco años. Empezó por recorrer el edificio desde el sótano hasta el tejado, solo había estado en la primera planta y alguna clase de la segunda cuando acompañaba esporádicamente a sus hijos que, mira por donde, habían estudiado allí.

Elisenda tenía dos hijos, niña y niño, ya adentrados en los veinte, que eran su mayor alegría. En concreto debemos decir que fueron su mayor alegría en el pasado cuando no le daban los problemazos a los que ahora se tenía que enfrentar de manera habitual con ellos. Se llamaban Sergio y Sol, que de sol tenía solamente el pelo rubio.

Sergio era moreno, de ojos oscuros que escudriñaban en lugar de mirar, parecía como si un rayo laser te atravesara. Esa mirada se la daba la desconfianza en todo y en todos. También su forma de mirar venía dada por la cantidad de porros que se tiraba al cuerpo desde antes del desayuno. Era el ejemplo perfecto de los NINIS, esa generación que NI estudia NI trabaja, para qué….. ¡Si el mundo es una mierda!.

En esas condiciones deplorables iba enviando peticiones de trabajo en una hoja cuadriculada de libreta, le habían dicho que tenía que mostrar un curriculum y se había esforzado al máximo escribiendo a mano cuatro líneas explicando sus anteriores empleos; estos empleos se limitaban a unos doce días ayudando a su padre montando un aire acondicionado en un restaurante. Por supuesto que todos le daban las gracias y también la espalda.

¿Sabéis lo que es un círculo vicioso? Pues así definiremos a Sergio, sin trabajo no tenía dinero, sin dinero no tenia donde vivir, sin saber donde vivir se arrastraba de casa en casa de sus amigos hasta que le echaban, cuando le echaban volvía a casa de sus padres a ducharse y comer, y allí, al compás de unas broncas que quitaban el sentido, le robaba lo que podía a su madre para seguir comprando "*chocolate*" y poder olvidar su desastrosa vida, y de paso a esa novia que no le hacía ni caso.

El asunto de Sol era diferente; se había ido a estudiar a Londres para aprender el idioma inglés, ya que se lo pedían para ejercer de recepcionista de hotel. Estudió turismo y deseaba ser directora de un Parador de lujo en la costa Brava pero no tenía experiencia, por consiguiente tenía que conformarse con la recepción. En la ciudad más cosmopolita de Gran Bretaña estudiaba el idioma inglés y se dedicaba a ejercer el Francés a su nuevo novio, un dandy vividor que la alojaba en su casa para obtener los favores sexuales de ese Sol con piernas y tetas.

De la relación – sin buscarlo - nació un niñito rubio como ella i delgaducho como su padre que, al verle, negó la autoría del angelito y le dio puerta al regresar del hospital. Sol llamó a sus padres para entregarles a su nieto y seguir estudiando en Londres pero Elisenda le dijo que ni hablar.

- Has sido madre, con esa vida ya sabías que podría pasar, debes decidir si lo cuidas o no, es tu responsabilidad, nosotros volvemos a casa.

Y Sol dio en adopción al bebé.

Al mirar el reloj habían pasado diecisiete minutos desde que llamara a la grúa y Elisenda seguía esperando y recordando, era una firme creyente del dicho *"cualquier tiempo pasado fue mejor"*, indiscutiblemente que lo era, mira sino donde estaba ahora, sentada en un chisme de cuatro ruedas más viejo que ella que soplaba como una olla a presión.

Cerró los ojos esperando. Recordó que aquel primer día en el Instituto entró a la hora del descanso en la sala de profesores y se encontró cara a cara con catorce personas repasándola de arriba abajo sin ningún tipo de decoro.

- Hola chicos, chicas, soy Elisenda, la nueva subdirectora, ¿como estáis? Me gustaría conoceros ...

- Que tal...

- Bienvenida si es posible....

- Yo soy Bea....

- Y yo Juana....

- Lorenzo......

Y así, con una falta de entusiasmo que helaba la sangre más caliente, fue la presentación al personal.

En los siguientes meses las cosas no mejoraban, Elisenda se esforzaba por ser la Amiga de todos pero a nadie pudo engañar, sabían que detrás de ese disfraz de generosidad se escondía una personalidad rígida, una cara sonriente que se creía a sí misma la salvadora de todos los desgraciados del planeta, dando lecciones, ofreciendo su casa, sacrificada en el trabajo. Estaban más que hartos de sus consejos, sus ordenes en forma de petición que si se obviaban acarreaban regañinas de Rottenmeier con la apostilla

¡Es lo mejor para ti!

El profesorado en pleno no cedió nunca.

A los cinco años de subdirección había caído tan en desgracia que sus profesores le colaron una trampa. Al volver de los únicos diez días de vacaciones - la primera vez en cinco años - que se había otorgado a sí misma en todo ese tiempo, se encontró con el capullo de Salvador esperándola:

- Buenos días Elisenda, siéntate.

- ¡Hola! Que sorpresa verle, ¿Cómo está?

- Cabreado. Me dice el personal que no cumples tus funciones.

- ¿Cómo?

- El instituto está hecho un desastre, y no hay planing para este mes, el profesorado no sabe cuáles son sus quehaceres y van por libre, los pobres hacen todo lo que pueden…..

- ¡Son mis primeros días de vacaciones en cinco años! Y además les dejé el planing en el tablero de la sala de profesores antes de irme…

- Pues ellos no lo han visto.

- O no lo han mirado…

- No hay planing Elisenda.

- ¡Lo hice!

- Dicen que no.

- Vamos a verlo, estará colgado en el tablero como cada mes, lo puse allí.

Y evidentemente en el tablero no había nada.

- Salvador, alguien lo habrá escondido….

- Pues he preguntado a todos, nadie sabe nada.

- Llamémosles.

Y así, uno por uno fueron pasando ante el capullo y ella misma, todos confabulados, nadie había visto nada.

- Y Lorenzo dijo: Quizá lo querías dejar pero te olvidaste, sabemos que tienes buena intención pero te fuiste sin decirnos nada, estabas muy cansada, y nos dijiste que te ibas porque….

¡Era lo mejor para ti!

En ese momento y de un plumazo acabó su vida de subdirectora y pasó de percibir los 2.300 euros al mes a depender de la prestación del paro.

Pasaron catorce meses de aquello cuando se dio cuenta que el gobierno no la mantendría mucho más y empezó a buscar trabajo. A sus 59 no era fácil pero ella era una Señora estupenda, lo encontraría enseguida y mucho mejor que antes, tenía grandes dotes en muchos campos, sabía qué necesitaba la gente y estaba dispuesta a ayudar. Todos sus intentos acabaron en fracaso.

Paseando por el pueblo a la caza y captura de un empleo cualquiera, "*solo de forma temporal hasta que salga algo mejor*", pasó por delante del taller de costura de Alba y la bombilla de sus ideas se encendió como un árbol de Navidad:

- ¡Hola! Estoy montando una empresa de bolsos, bolsas, capazos, delantales, manteles, etc. Necesito alguien que me los cosa, yo me dedico a la venta y no puedo con todo, tú me los puedes hacer, pagando claro, tendrás mucho trabajo conmigo, ¿no lo ves?

Será bueno para ti.

- Oh! Muchas gracias pero no podría, tengo mi taller y mis clases, no dispongo de tanto tiempo.

- ¡Pero te resultará muy rentable! Si lo prefieres podemos ir a medias, así aún sacarás más, seremos famosas y nos haremos ricas en poco tiempo, yo vendo muy bien, te irá de perlas.

- Eres muy amable, no te lo tomes a mal pero no podría cumplir, mis alumnas me necesitan, de verdad que lo siento, seguro que encuentras quien lo haga, es una idea estupenda.

- ¡Pero yo te quiero a ti!, sé que lo harás muy bien, porfa…

- Quizá más adelante, ahora me es imposible, gracias de todos modos.

Y Elisenda salió de allí enfurecida porque esa tonta no se daba cuenta de la oportunidad que dejaba pasar.

Ella se lo pierde, era por su bien.

Volviendo al tema habían pasado ya más de cuarenta minutos y la grúa no aparecía, así que decidió volver a llamar:

- Están en camino señora, cálmese.

Siguiendo con sus recuerdos y como Alba no picó no tuvo otra opción que aceptar un trabajo de autoventa de artículos de mercería que su hermana pequeña le proporcionó gracias al favor a un amigo; y así con el coche lleno de cachivaches minúsculos como botones, hilos, hebillas y corchetes recorría el país en busca de algunos euros para regresar a casa con tres bolsas del super, bolsas que vaciaban en un santiamén entre su marido y su hijo.

Y un ángel llegó a su vida

La grúa llegó por fin. El esperado príncipe/ mecánico azul era un hombre bajito, regordete, con barba canosa de gnomo. De temperamento complaciente dejó a Elisenda que acabara de gritar los rayos y centellas que llevaba dentro sin perder la paciencia ni la sonrisa.

- Vale vale mujer, la entiendo, ya estoy aquí, vamos a solucionar esto y podrá volver a casa.

A casa…. Solo de pensarlo se le ponía la carne de gallina, en esa casa solo era un comodín: la que limpia y friega, la que cocina y la que se lleva todas las peloteras. Siempre llega detrás del último pero ha de ser la primera en agradar a todos.

El afable mecánico se percató de la desilusión que manifestaba la mueca de Elisenda:

- ¿Qué le pasa? ¿No está contenta? Esto tiene arreglo fácil, en un par de días lo tendremos listo.

- ¿Un par de días?

Un par de días en casa….., a no! ¡Ni hablar! ¿Cómo voy a aguantar dos días en casa con ese par de vagos fumando porros y bebiéndose mi trabajo en cervezas?

- Señora, yo me llevo su coche, ¿ha llamado un taxi?

- ¿Un taxi?

- Para que la lleve a su casa, ¿cómo llegará sino?

- ¿A cuarenta kilómetros? ¡Me va a costar una pasta!¿no hay un autobús?

- Pues no….

Solo faltaba eso, llegaría sin víveres y sus queridos marido e hijo se le tirarían a la yugular.

- ¿Está bien señora?

Y Elisenda no pudo más, empezó a llorar como una niña a quien le quitan su muñeca preferida y acabó sentada en el suelo sin casi respirar.

- De acuerdo, levántese, le voy a proponer un plan pero que conste desde ahora que no deseo molestarla.

- Yo solo quería agradar a todos, siempre he estado dispuesta a colaborar, a ayudar, pero nadie quiere mi ayuda, no lo entiendo… y cuando yo la necesito desaparecen.

¡Sólo pienso en el bien de todos!

- Venga, venga, arriba. Suba al camión, primero dejaremos el coche en el taller y después la llevaré yo a casa, no se agobie.

- Gracias….. ¿no hay un hostal por aquí? Lo último que quiero hoy es volver a casa.

- Pues no, lo siento.

- ¿Una pensión? Lo que sea, un banco del parque, cualquier cosa será mejor que volver allá.

- Vaya vaya, ya veo…. Tengo una salita en el taller con un sofá cama, pero no quiero que piense que voy de ligón, yo vivo en el piso de encima.

- Por favor, por favor, por favor….

Hugo era el nombre que le puso su madre a nuestro rechoncho mecánico. Cuando su madre vio aquella carita redonda por primera vez supo que le bautizaría así. Era un ser afectuoso, defensor de causas que consideraba justas y tenía más humanidad que barriga, que ya es decir.

Acomodó por decirlo de alguna manera a Elisenda en esa habitación adosada al taller y le ofreció un refresco.

- ¿Puedo tutearte? No sé qué te pasa pero debe ser gordo, si quieres hablar puedes contar conmigo, total en dos días te irás y no nos volveremos a ver, será como tirar arena al viento, nadie se va a enterar…

- Siento haberme puesto tan pesada, me sentía perdida.

- Lo estás.

- Gracias por acomodarme aquí, no me queda mucho dinero.

- Intuyo lo que te pasa, crees que nadie te entiende pero es culpa tuya, no puedes ir de perdonavidas con la gente.

- ¿Cómo dices?

- Elisenda, te he ofrecido asilo físico pero tú lo necesitas mental, psicológico y almático.

- Pero ¿quién eres tu para decirme esto?

- Tu mecánico. Y el hombre que te va a dar asilo un par de días, pero si prefieres marcharte….

Esa noche cenaron pizza. Elisenda llamó a casa para decir la verdad, que se había quedado tirada con el coche y la recogió una grúa. También dijo una mentira, que se quedaba en una pensión en el pueblo hasta poder recoger el automóvil arreglado.

No os preocupéis, es lo mejor para mí.

Y entre pizza y cervezas esas dos personas tan distantes se entendieron a las mil maravillas. Hugo había estudiado mecánica en la Escuela Industrial de Barcelona y con los años se había dado cuenta que podía aplicar la mecánica a todo lo que hacía en la vida diaria.

- ¿Sabes algo de las leyes de Newton?

- ¿Las leyes de qué?

- De qué no, de quien, son las leyes de la mecánica clásica de Isaac Newton.

- ¿Cómo voy yo a saber nada de eso?

- Bueno, yo las estudié porque quería dedicarme a "sanar" coches pero se pueden aplicar perfectamente a las personas.

- No te puedo creer…

- Verás, te lo explicaré.

Y así fue como Hugo empezó a darle consejos de manera que ella no se percatara demasiado, y lo hacía…

Por su bien.

Hugo sabía de situaciones difíciles, y también que algunas no tenían solución o al menos una buena solución.

Para sorpresa de Elisenda su vida se había convertido literalmente en una mierda sin darse cuenta; sus problemas se fueron haciendo evidentes poco a poco, nunca hubo un detonante claro, se fueron abriendo camino paso a paso sin avisar hasta que la bola se hizo grande y se encontró de narices con ella. Ante esa enorme pelota problemática ella quería poner soluciones que agradaran a todos, por su bien, sin fijarse que los problemas de sus hijos los tenían que solucionar sus hijos y los de su marido él. Ella se hacía responsable de todos los adultos que se cruzaban por su camino pensando que ayudaba pero solo hacia lo contrario, salían perjudicados todos, incluida ella.

- Es la tercera Ley de Newton:

"Cuando un objeto ejerce una fuerza sobre otro, éste ejerce una fuerza de la misma magnitud pero en sentido opuesto".

- Ah… ¿qué tiene que ver eso conmigo?

- A cada una de tus acciones la gente te responde con reacciones contrarias. Elisenda, ¡la gente no quiere que les salves! Lo que quieren es que les ayudes a solucionar sus problemas, por esa razón te digo que vas de "perdonavidas".

- ¡pero yo lo hago por su bien!

- NOOOOOO. No lo haces por ellos ni por ayudarles, lo haces por ti, para que te reconozcan; tu problema es que tienes muy poca autoestima.

Y así fue como Hugo fue definiendo que la gente no necesita una salvadora sino alguien que les guíe, que les de un camino a seguir para sobrevivir.

- Tú podrías hacerlo si quisieras y te quitaras de encima esa capa de superwoman, ¿no te das cuenta? Cuando alguien te dice que te calles piensas que es mejor alejarte, que aquella persona seguirá un camino de desgracias por no hacerte caso, y te apiadas, y la dejas a su suerte. Si lo miras bien, les va mejor sin ti, ellas necesitan consejos que solucionen sus vidas, tu solo les pones parches.

Hugo le habló también de los problemas que no tienen solución y de los que necesitan de una decisión firme porque ninguna de las soluciones es buena, aunque sigue siendo una solución. Por ejemplo su propio hijo, sería mejor llevarlo a una institución para que se pudiera desintoxicar que acogerle en casa para alimentarle y dejarle robar. O su marido, sería mejor divorciarse de ese ser apático y depresivo que vivir una vida hastiada y no desear volver a casa.

Y sobre las cuatro de la madrugada Hugo se marchó a dormir y Elisenda se quedó despierta hasta que el sol salía, al principio cabreada por lo que aquel vejestorio había tenido la indecencia de contarle, pero después por el dolor de ver cuánta razón tenía.

Nunca pensó Elisenda que la gente la odiaba precisamente por querer ayudar. No se había dado cuenta que no socorría en absoluto ya que cada uno tiene que hacerse cargo de todo lo que le rodea, lo que a una persona le va de maravilla a otra le puede perjudicar.

Hugo tenía razón, cada uno debe encontrar su propio camino en lugar de seguir el que otro le indica, y las leyes de Newton se parecen mucho a las del Karma o a los principios Universales, cada quien las ve a su manera aunque postulan lo mismo.

Sin apenas dormir, esa mañana Elisenda salió de

su aposento del taller y fue directa a la papelería de enfrente, compró libreta y dos bolis, tenía mucho que escribir.

Cuando Hugo volvió sobre las ocho de la tarde ella seguía allí, escribiendo. Después de la conversación con Hugo su mente se iluminó como en la salida de sol más brillante del verano. Escribió, escribió, escribió… y se vació por dentro, es la buena táctica de sacudir sueños perdidos limpiando el polvo que se pone encima cuando los olvidas.

- ¿Qué haces?

- Oh! ¿Qué hora es?

- Casi las nueve de la noche…

- ¿En serio?

- En serio, ¿qué haces? pregunto…

- Verás, tu no eres solamente un mecánico, es cierto que tus leyes se pueden aplicar para mejorar las vidas de las personas, me he dado cuenta que estaba metida en una espiral descendente de desgracias.

- Es fácil saber lo que tienes que hacer.

- Fácil fácil…. Hasta ahí no he llegado.

- Es fácil, te diré como hacerlo.

Y esa segunda noche salieron a cenar y a hablar. Nuestro mecánico le aconsejó que dejara de dudar, creía que su principal problema eran sus dudas.

- Las dudas son muy perjudiciales. Tú crees que sabes lo que todos necesitan, les aconsejas por su bien, pero en realidad lo estás haciendo para no tomar las decisiones que mejorarían tu vida;

mientras te alineas con los demás te puedes olvidar de ti. Debes curarte por dentro, solo así podrás salir ahí afuera para ayudar a los demás.

Después de esa segunda noche Elisenda se puso manos a la obra. Dudaba si poner por escrito sus nuevos objetivos pero algo le dolía mucho, seguir dudando. Y tomó la decisión de olvidarse de todo y de todos y pensar solo en ella misma, al menos hasta salir de ese bache depresivo en que estaba metida.

Notas de Elisenda:

1- Hacer una lista de trabajos que me gustaría hacer.

- Visualizar cada opción para saber si realmente es lo que quiero.

- Descartar los que son imposibles de momento o los que me gustan menos, quedarme con tres opciones.

2- Pasos a seguir:

- Poner una pizarra con tres columnas, una por opción; escribir todos los pensamientos que se me ocurran en cada columna, lo que Donald Miller llama "*lluvia de ideas*".

- Concretar los pensamientos por orden de importancia para mí según un criterio, el mío era el "*tiempo*", necesitaba un nuevo trabajo YA.

- Volver a ordenarlos por el criterio "*dinero*", también necesitaba dinero YA.

- Según el *tiempo* podía decidir por un trabajo más adecuado pero necesitaría tiempo" para encontrarlo. Según "*dinero*" podría empezar a trabajar antes sin importar el tipo de empleo ni el sueldo a recibir, era urgente tener ingresos.

- Hablar con Hugo sobre las listas, el podría darme nuevas perspectivas que yo no haya tenido en cuenta.

- Me doy una semana para este trabajo, ni un día más.

3-Comparar las opciones.

- Qué es lo mejor según el criterio "*tiempo*".

- Qué es lo mejor según el criterio "*dinero*".

- ¿Puedo esperar? ¿ me urge tanto cobrar?.

4- Lo más difícil: la decisión final:

- Como me irá mejor si estoy a gusto en el trabajo he decidido seguir la opción del tiempo.

- Mi familia lo tendrá que aceptar, no hay elección.

5- Buscar para encontrar:

- Buscar seis horas al día mínimo: internet, prensa, amigos, puerta fría.....

- Dejar mis datos y curriculum aunque no les interese, hay empresas que los guardan, quien sabe...

- Mirar si tengo opciones reales de crear mi propio negocio: microcréditos, online...

- Hacer una lista diaria de éxitos para saber si estoy en el camino correcto. Los fracasos los consideraré como aprendizajes.

6- Comunicarlo a la familia: está decidido, no tenéis voz ni voto en esto. Podéis ayudarme o enfadaros, yo no me pienso rendir, seguiré al pié de la letra mi plan establecido, quizá tengáis que beber y fumar menos y ayudarme más. O podéis marcharos, yo no seguiré aguantando vagos.

La mañana del segundo día Elisenda se levantó pronto y fue a comprar croissants y café para invitar a Hugo. A las 8,30 le llamaba:

- A desayunar!!!!

- ¡Vaya! Creía que seguías durmiendo.

- Ni hablar, tengo mucho que hacer, ¿mi coche ya funciona?.

- Ya lo creo, y mejor que nunca, soy muy buen mecánico.

- En eso tienes mucha razón, mírame a mí como me encontraste y cómo estoy solo dos días después de repararme, sabes más de subsanar desgracias que de arreglar automóviles.

- Bueno… eso lo da la vejez.

- Hugo, tengo que irme, pero no lo dudes nunca, yo volveré cuando haya cumplido mis objetivos, y será más pronto que tarde.

- Pues yo te diré otra cosa:

Si quieres limpiar tu corazón escribe sin parar.

Le pagó la reparación, le dio dos besos y se despidió de él, al bajar la ventanilla del coche Hugo le oyó gritar:

¡Volveré, lo haré por mi bien!.

Y los dos se miraron sonriendo.

El amor no tiene cura pero es la cura de todos los males

Leonard Cohen

Mayte: La entrega

Era un día de agosto, pleno y tórrido verano y en su vivienda hacía un frío inaguantable. La gran habitación estaba en una penumbra rayada que les regalaba el alba asociándose con las tablitas de la persiana, eran las siete de la mañana de un domingo que, antes de empezar, Mayte ya intuía como aterrador. Mientras se hacía la dormida Alex empezaba a despertarse.

Mayte era una mujer de 47 años a quien le gustaba vivir sin sobresaltos. El orden y la programación de tareas le hacían la vida más fácil y llevadera dentro del caos en que estaba metida en esa relación. Trabajaba sin parar en la cocina de un restaurante de su barrio cuyos edificios eran en su mayor parte oficinas y por eso su día libre caía en domingo.

Contra la voluntad de su pareja que la acusaba de estar muy poco en casa, Mayte pasaba los días sudorosa de fogón en fogón y volvía a casa sobre media noche, sabía que Alex ya tendría sueño y la miraría con el típico desprecio del marido que tiene poco sexo porque su mujer está cansada, la excusa de siempre, aunque en este caso no era una excusa para nada, más bien era una coartada suya para meterse en la ducha a relajarse y conseguir que Alex se durmiera.

Como cada domingo Alex, su pareja desde hacía tres años, tenía la costumbre de empezar el día metiéndole mano a sus partes más intimas sin la más mínima contemplación, como un señor feudal con la criada, quería fiesta.

Alexandra, a quien llamaban Alex, era una mujer de 39, delgada, más bien enjuta, en absoluto agraciada, y llena de rencor por la vida porque le había obsequiado con muy pocas cualidades físicas. Nunca sus trabajos le duraban más de dos meses ya fuera porque la despedían o porque ella dimitía, en realidad era una vaga empedernida y buscaba alguien que la mantuviera pero sin que se diera cuenta.

Se había empecinado en conseguir pareja y por allí pasó Mayte, entradita en carnes, de mejillas rosaditas, con un culo que se balanceaba al andar de manera tragicómica entre un pato y una bailarina de salsa; al verla pasar le preguntó por una dirección, excusa más que sobada que solía funcionar, y así fue.

- Pues ésta misma pensó Alex.

Mayte a su vez era exactamente lo contrario, se veía a sí misma como esa hada madrina de Walt Disney de cuerpecito orondo siempre dispuesta a ayudar. Cuando esa mujer joven y delgaducha se le acercó sintió como si un congreso de hormigas pasara por dentro de su regordete cuerpo y se ofreció a acompañarla.

Esas dos primeras calles que recorrieron juntas fueron los diez minutos más felices de sus vidas, de ambas, tanta era la carencia que tenían una y otra en sus anodinas vidas.

Pero todo eso había pasado ya.

Como os decía, cada domingo por la mañana Alex pedía fiesta, no importaba lo que ocurriera en el mundo real:

- puta mía, puta mía, pasa tu lengua sobre mí, ¡¡¡fóllame, fóllame!!!

Mayte estaba hasta las mismísimas pelotas de esos despertares, se sentía agredida en su dignidad.

¿Cómo su pareja que tenía que amarla y respetarla se atrevía a sobar su rincón más sagrado sin ni siquiera un beso? ¿Cómo podía pasar olímpicamente de sus sentimientos, su salud psíquica, física y moral? ¿Cómo había ido a parar a esa cueva de desilusión? Y Mayte se incorporaba sobre ella, tocaba y lamía su cuerpo hasta conseguir su orgasmo, - por fin…. - y al quedar de nuevo sola se sentaba a esperar que Richard Gere le entregara el Oscar.

Pero ese 16 de agosto pensó que no, que no podía ser como cada domingo, que ya no podía más. Se levantó antes que Alex pudiera darse cuenta y se fue a la cocina a preparar el desayuno para las dos. La esperó sabiendo que se encontraría con una momia colérica pero se hizo la tonta:

- Te he hecho zumito de naranja.

Y así Mayte, como si nada pasara, se puso a limpiar.

Y así Alex, sin decir nada, se quedó en blanco sexual.

Los domingos fueron sucediéndose de esta manera. Cuando Mayte abría los ojos sabía que Alex sabía. Y cuando Alex se despertaba sabía que Mayte sabía. E iban pasando las semanas y los meses en un acuerdo tácito silencioso y matutino para no dañarse. Mayte no quería hacerle daño pero tampoco transigir y Alex no quería que nadie la dañara sin importarle un carajo su mujer.

Llegó el invierno como sucede después de un otoño sexual entre caliente y frío. Esa mujer gordita que se guiaba por su corazón y sufría sin razón lo pensó mil veces antes de hablar pero se había preparado para lo peor.

Lo peor para ella no era ni de lejos lo peor que iba a pasar, en su cabeza no cabía la maldad a ese extremo. Pidió que todo fuera amistoso y que se pudieran saludar por la calle sin rencor, y obtuvo respuesta:

- Pues ya te puedes ir!

- ¿Que qué? ¿Cómo dices?¡ El piso es mío!

Alex, para variar no tenía empleo y no pensaba irse sin más, su amargura le incitaba a salir de allí muerta pero sería matando. Y dejó a Mayte como la quería dejar:

Desesperada.

Esa separación no sería para nada amistosa. Si quería perderla de vista sería cuando a ella le saliera del coño, así mismo lo expresó, y no sin antes encontrar un buen trabajo que – como todos habéis imaginado – tardaría mucho en llegar.

A partir de entonces Mayte dormía en el sofá, en el sofá de **SU** casa que ahora era el reino de la vegetativa Alexandra.

Un día en el restaurante la camarera estaba de baja maternal y a Mayte le tocó salir a sala. Allí, en animada conversación, estaban una mujer bajita y morena, el hombre mayor la llamaba Alba:

- Hola Carlos, te traigo los trajes arreglados, son extraordinarios, como se nota que los compras en Londres.

- Los trajes son mi debilidad. Puedo permitirme lo que valen y además así tengo el gusto de volver a verte.

- Eres un adulador encantador.

- Soy viejo pero todavía tengo buen gusto para las mujeres. La camarera tiene problemas pobrecita, intentaré ayudarla.

- Y lo harás. Tengo que irme, gracias por el café.

Mayte le sirvió un café a ese cliente que la miraba de reojo adivinando la tristeza de su corazón, era de lo más amable pero nunca sonreía. Cuando acabó de desayunar le dijo:

- Tengo una cosa para ti.

Y un ángel pasó por su vida

Le dejó una buena propina junto a una tarjeta con una nota, era abogado.

- Eres muy amable y pienso que quizá podrías necesitarme, encantado de ayudarte. Por supuesto desinteresadamente.

Y se marchó sin esperar respuesta.

¡Mayte no podía creerlo! Pero… ¿no era invisible? Se sentía muerta por dentro y los muertos no hablan con los vivos pero uno de ellos se había fijado en ella, o mejor dicho en su estado, ¿no sería que la muerte venia ya a buscarla?

- Pues muy bien, será mejor que lo que tengo ahora.

Resuelta se quitó el delantal y salió corriendo tras ese traje inglés impecable sin pensar en nada, le alcanzó en un regio portal de esas casas modernistas de Barcelona que no tienen desperdicio.

- Perdón….

- Hola! Creo que te llamas Mayte.

- Si….

- Pasa, mi secretaria Adela está arriba, no temas, sube tu sola si lo prefieres y cuando la veas le dices que voy a por el periódico, ella te pasará a mi despacho.

- Pero es que yo….

- Desinteresadamente, recuerda.

Mayte estuvo allí unas tres horas vomitando su interior a ese extraño entrañable y se sintió vacía como una charca en el desierto. Carlos la escuchó sin interrumpirla una sola vez. Tenía ya 78 años, era rico como un marajá y no se jubilaba porque adoraba su trabajo

- Mayte, no puedes seguir así, necesitamos un plan.

Le hizo un millón de preguntas.

- A partir de ahora sólo le dirás a Alex tres cosas:

    o 1: hola

    o 2: adiós

    o 3: habla eso con mi abogado.

Nada más. Cada una de las cosas que ella te diga tienen su respuesta en una de esas tres. Te levantas, trabajas, llegas a casa y duermes en el sofá para no enfurecer más a ese animal herido, y te pones a dormir, sigue con tu vida pero ahora sabes que no estás sola. Dame su teléfono, te avisaré cuando la llame, y recuerda… va a ser muy duro, pero puedes venir aquí cuando quieras, te acogeremos.

Mayte vio esa noche en su horizonte un cielo estrellado pero antes tenía que pasar por la tormenta.

A los tres días Carlos llamó a Alexandra, la citó en su despacho "por un asunto de su interés", poco se esperaba que ese noble y acaudalado anciano era el abogado de la gorda de su mujer, esa débil hembra que no tenia agallas para buscarse un abogado.

Pero lo era.

Carlos le explicó con suavidad que a veces las relaciones se acaban aunque no se quiera y lo mejor era seguir cada uno por su lado sin necesidad de meterse en batallas perdidas, porque la suya – de Alexandra – era una batalla perdida.

No había hijos por los que pasar pensión, el piso era de Mayte, el trabajo estable también y lo más interesante, el mejor abogado de Barcelona también.

- Puedes rebelarte y hacernos a todos la vida imposible o darte cuenta que como antes acabemos con esto de forma serena mejor, lo siento de veras pero hagas lo que hagas no tienes opción.

Le recomendó que se buscara un abogado que la aconsejara, sabía que cualquiera le diría lo mismo, y mucho más si el contrario era él, el mejor relacionado del país.

Alex se marchó encolerizada con un

- Ya veremos.

Carlos avisó a Mayte que esa noche seria crucial, seria **LA NOCHE**. Le aconsejó que se tomara un calmante y se asegurara de saber sus tres respuestas. La que tenía que utilizar a cada envite de ese toro enfurecido era:

Habla de eso con mi abogado.

Y **NADA**, absolutamente **NADA** más, por tentada que estuviera de soltar cualquier otra cosa.

Carlos le informó también que si no zanjaba pronto esa relación tan tóxica su vida actual era un cielo comparada con la que le esperaba, podía acabar muerta por apuñalamiento o, peor aún, por suicidio. Le mostró una vida lúgubre, vacía y negra como boca de lobo.

Pero esa era la táctica de Carlos para hacerla reaccionar, él tenía también un amigo que le aconsejaba, un **CHAVAL**, como le gustaba llamar a **LAIN**, y que había escrito un Imparable Best Seller: La voz de tu alma. Él insistía:

La gente no se mueve por motivación sino por desesperación.

- Muéstrale su Egipto y su Tierra Prometida y que ella escoja donde quiere ir – insistía.

Y si, esa fue la peor noche de su vida. Se tomó el calmante y escuchó de todo y más en silencio sepulcral hasta que soltó su frase:

Habla de eso con mi abogado.

Y se fue a dormir, a intentar dormir, porque lo del apuñalamiento le había llegado al ALMA y tenía miedo.

Alexandra se encontró por primera vez en su vida con una Mayte que le plantó cara y no sabía cómo reaccionar aunque recordó las palabras del abogaducho ese: no importaba lo que hiciera, ella perdería.

Se veía ya en la calle, se sintió tentada de pegar una paliza a la gorda, pero tampoco era tan tonta, la acusarían de agresión y acabaría peor, al cabo de un rato se fue a dormir.

Mayte se levantó pronto y Alex la estaba esperando en la cocina; hubo un "hola" y un "adiós". Se marchó asustada.

Alex esperaba a Mayte en la cocina, le dijeron "hola" y "adiós" y la dejaron sola, se quedó asustada.

Esa tarde Carlos apareció de nuevo por el restaurante a tomar un café y le preguntó a Mayte si había alguna cosa o persona que fuera importante para Alex, ese sería su tendón de Aquiles para agilizar el tema. Y sí, había una madre a la que Alex amaba, y le contaba mil historias de indios inventadas para darse la importancia que nunca tuvo. Le preguntó también por sus sueños rotos, los de ella, qué le hubiera gustado hacer en su juventud.

Mayte recordó que con 16 años le gustaba ir a los conciertos de Sting, se sentaba en el suelo entre abrazos, amor y paz y reía feliz.

- De acuerdo. Estamos en contacto, yo te llamo, ten paciencia.

Había pasado una semana que parecía un siglo cuando Carlos llamó a Mayte y a Alexandra a su despacho:

- A ver, las cosas están así: tu Alex tendrás que marcharte

- ¡Ni hablar!, cuando tenga trabajo y por ahora....

- Alex, tienes que marcharte, hablaremos con tu madre para que te ayude hasta que consigas ese trabajo.

- ¿Mi madre? Tú, puta, ¿por qué le has hablado de mi madre?

- No ha sido ella, recuerda quien soy, tengo recursos. Debes firmar aquí, tienes una semana. Si en una semana no puedes marcharte hablaremos con mamá para que te acoja. Y recuerda: puedes buscarte un abogado, pero ya sabes como acabará esto, y tendrás que pagarle a él y las costas del juicio que perderás.

- ¿Y ésta como le paga? Ya, claro....

- Yo también soy abogado de oficio, ella no paga.

- Sois todos unos mierdas, me iré para no veros nunca más, pero tardaré toda la semana

Mayte, callada, no podía creer lo que sus ojos veían...., Carlos no era su abogado, ¡era el mismísimo ángel de la guarda hecho hombre!

Alexandra se marcho derrotada y a ella le supo mal, le daba pena....

- ¡Ni se te ocurra!, te he librado del mismísimo diablo, ahora hay algo para ti. Tengo un amigo en el barco de Green Peace, necesitan gente, puede que por allí te encuentres algún o alguna Sting.

- ¿Cómo dices?

- Tu vida va a cambiar desde ahora mismo, tú decides, puedes seguir en el restaurante y en ese piso lleno de malas energías o zarpar hacia una vida de sacrificios que te puede colmar de bendiciones. Decídete ya, el barco sale mañana a las cuatro de la madrugada.

Carlos le habló de ese CHAVAL amigo suyo, él hablaba de **ESPERANZA y FE**, decía que como mayor era el reto mayor sería el premio, también que a veces hay que quemar tus barcos y pegar la vuelta.

En la vida hay siempre oportunidades, si dudas se las lleva otro. Y Mayte había sufrido mucho y le llegó su premio si lo quería. ¡Y lo quería!

DÉJALO TODO PARA GANARLO TODO.

Prefiero estar sola con dignidad que en una relación donde sacrifique mi amor propio.

Mandy Hale

Saray – La Dignidad

Como su nombre indica Saray era como una princesa, una esbelta mujer de 38 años de ojos negrísimos que destacaban sobre sus corneas parecidas a la nieve ensangrentada de tanto llorar.

Procedente de Marruecos llevaba ya veintiún años en un pueblo de Girona, tenía tres hijos de dieciocho, doce y diez años y estaba sola. Su marido le pidió el divorcio al mes de nacer su tercera hija acusándola de adúltera aunque todos sabían que la verdadera razón tenía nombre de mujer, brasileña y voluptuosa.

Saray sobrevivía gracias a una pequeña pensión que le pasaba su exmarido cuando se acordaba - cosa que no ocurría con frecuencia - y a la ayuda de su hermana que la apoyaba en lo que podía si bien no era mucho; y ella se revolvía por dentro cada vez que aceptaba ese favor. Su principal motivación para aceptar esa ayuda era que no tenía que racionar la leche de sus hijos rebajándola con agua para poder desayunar dos días con un litro de leche.

Saray era una líder nata y su orgullo sano no le dejaba mostrar a los demás sus dificultades. Iba impecablemente limpia, siempre buscaba el sistema de salir de los malos trances de manera oculta a los ojos de la gente, era sagaz e imaginativa y no se conformaba con lo que la vida le daba.

Se casó con diecisiete años con Omar, el mayor de los siete hijos de un comerciante de buena posición. Omar carecía de empatía y cordialidad ya que, al ser el mayor, se le consideraba el heredero de su padre cuando este muriera. Lo cierto es que para Omar aquello era del todo irrelevante - que su padre estuviera aún con vida quiero decir - él mandaba como si fuera ya el rey y los demás familiares acataban sus órdenes sin rechistar.

Omar era atractivo, déspota y caprichoso. Hablaba lo justo y su palabra era ley. Una mañana, paseando por el mercado de telas vio pasar a la que él denominó su futura esposa: Saray.

Ella tenía unos ojos profundos y penetrantes que clavaron flechas de amor y deseo en el corazón de Omar sin la más mínima compasión. En ese mismo instante le pidió a su hermano que averiguara quien era esa mujer de cabeza alta y porte principesco que, sin embargo, lucia atuendos muy humildes.

El Kaftan de lana marrón parecía en ella una túnica de la más rica seda oriental. Su cabeza estaba cubierta por un pañuelo de flores en colores suaves que la protegían del viento y de los deseos carnales de los hombres, ella quería seguir en el campo al lado de su familia. Cuando Saray regresó a su casa encontró una comitiva de viejos camiones cargados con paquetes que a su entender eran víveres de todo tipo.

Su padre la llamó aparte:

- Saray, hija, este hombre ha venido a pedirme que seas su esposa y nos trae todo lo que tu madre y tus hermanos necesitamos para vivir durante un año. Le he dicho que debía hablarlo con los ancianos pero sería bueno para todos…

- Para todos menos para mí padre, la mirada de ese hombre no me gusta, cree que puede tener todo a base de regalos y dinero.

- Hija nos estamos muriendo de hambre….

Saray bajó la mirada y siguió a su padre hasta llegar donde Omar esperaba. Este le quitó el pañuelo y vio lo que sabía que iba a ver, un pelo negro brillante y ondulado que le llegaba a la cintura. Saray le arrebató el pañuelo de las manos mirándole fijamente a los ojos. Omar sonrió.

- Dejad el cargamento aquí. Y tú, anciano, prepara a tu hija para la boda que tendrá lugar en dos semanas.

Y así fue como empezó la vida de esposa de Saray. La primera noche con Omar nunca la podría olvidar por todo el dolor que le causó. Todas las noches sucesivas tampoco ya que su marido no era solamente déspota y violento sino un autentico depredador sexual, lo que conocemos como un "adicto al sexo".

Ya en España y con dos hijos la vida de Saray era la de una princesa en la calle y una esclava en el seno familiar, ella nunca mostró la verdadera tortura que sufría.

Con el tiempo Omar envejecía y se volvió menos apetecible y más grosero por lo que las mujeres ya no le daban las facilidades de antaño. Tampoco en este país las cosas eran igual ya que las mujeres gozan de más libertad de acción y de decisión. Frustrado y rabioso pensó que aquella mujer que le pareció una princesa era en realidad una sirvienta y que tenía que cambiar de aires lo antes posible. Justo nacer su tercer hijo, Omar la repudió y se divorció de Saray acusándola de adultera y dejándola en la ruina. Pero también en el cielo por no tener que aguantarle más.

Habían pasado años desde entonces.

Una tarde de otoño se paró a admirar el escaparate de una tienda lleno de telas coloridas y todo tipo de artículos relacionados con ellas. No pudo resistirse a entrar.

Alba estaba detrás del mostrador cosiendo una falda, era la dueña, le miró y preguntó:

- Hola, ¿puedo ayudarte?

¡Ya lo creo! pensó Saray.

- Sí, he visto máquinas de coser y me pregunto si podrías enseñarme a utilizarlas.

- Desde luego! Tenemos cursos de costura todos los días, a .....este horario y a ..... este precio. ¿has cosido alguna vez?

- Un poco, mi madre me enseñó de pequeña pero hace tiempo. Gracias por la información, lo tendré en cuenta.

Alba, pasaba ya de los 64, cosía desde los doce y tenía la psicología por Hobby, lo pilló enseguida. Esos ojos negros pedían ayuda como pide agua un sediento, creyó que quizá podría echarle una mano.

Y un ángel pasó por su vida.

- Verás, no te ofendas, tengo un problema: me golpeé la mano derecha en una caída, necesito alguien que me ayude en el trabajo, no puedo pagar mucho pero podemos ponernos de acuerdo, tú me pagas mis clases y yo te pago tu trabajo. Es un arreglo entre tú y yo que nos ayudaría a las dos, como lo ves?

El oscuro mundo donde había vivido Saray desde hacia tantos años parecía que cedía a una pequeña alborada, pero ella era ante todo una digna princesa.

- Gracias Alba, lo pensaré.

- Te espero el martes por la mañana si te va bien, y lo hablamos.

Era martes y trece pero no importaba, hoy Saray diría que si al ofrecimiento que le habían hecho la semana anterior; lo tenía decidido desde el mismo momento en que salió de esa tienda pero la prudencia y ese orgullo juvenil todavía en pié le habían aconsejado consultarlo con la almohada.

Al llegar a la tienda le plantó el dinero encima la mesa i le dijo que le parecía bien, quería que, (ante todo su dignidad), le cobrara el curso y le enseñara **TODO** lo que sabía, ella tenía prisa en el más absoluto silencio interior, pero…

Había forjado un plan

Tiempo atrás Alba se había encontrado en la misma situación, sabía lo que estaba pasando por su cabeza y había sido tan orgullosa como ella, veía como sufría y las ganas que tenia de soluciones personales, quería decir a todo el mundo que ella valía mucho más de lo que todos pensaban pero creía que con decirlo no se lograba nada, había que demostrarlo. Al ver a la digna princesa delante suyo **SUPO** que aquello no había sido casualidad, en realidad nunca había creído en ellas y era firme discípula del proverbio zen

"cuando el alumno está preparado aparece el maestro"

Y se consideraba las dos cosas, maestra de Saray en la costura y alumna de ella en lecciones de vida, Saray nunca se hizo la víctima. Atraída por su fuerte y frágil personalidad Alba llegó a la conclusión que aquella relación seria un WIN-WIN.

Y también forjó un plan

Saray se reveló como la alumna más aventajada y más entusiasta de todas, tenía ganas y tenía prisa, quería ser **AUTOSUFICIENTE**, esa era su meta clara, y por fin veía que lo podía conseguir.

Por su parte, Alba le enseñaba rápido porque su princesa mora aprendía rápido, pero eso no era del todo bueno. Pensó en un plan de tres puntos para realizar ese viaje al porvenir, había que llegar a puerto pero había que hacerlo bien o no serviría de nada.

Al mes de empezar le puso a prueba:

- Saray, te enseño como se hace el dobladillo y te doy trabajo para casa, estoy agobiada y me duele la mano, ¿me lo puedes hacer?

- Sí, claro, yo te ayudo.

Por dentro tenia fuegos artificiales de alegría.

Al día siguiente Saray llegó a las 10 de la mañana con su tarea hecha. La profe sabía qué iba a pasar:

- Bien, gracias, pero no está del todo bien….

Primera lección: sé lo mejor que puedes ser.

- *Aprende a pedir el tiempo necesario*: un trabajo

entregado en el tiempo fijado te reportará clientes, pero si es mediocre te los quitará. Que nadie te diga cómo ni cuándo, tu eres la experta, pon fecha y precio. El sistema es un poco más lento pero también más seguro, ganarás prestigio. Y con prestigio y perfección puedes fijar tú precio. Y la consecuencia será ganar más dinero.

La alegría de Saray se transformó en dolor pero le dio las gracias, había sido una lección que no iba a caer en saco roto. La seguridad de esa mujer temblaba en sus ojos pero era capaz de adaptarse a las contrariedades.

- Me lo llevo, lo haré mejor.

Y así fue. Y pidió más trabajo. Y cobró por ello.

En la siguiente clase estaba radiante, había cambiado su pañuelo negro por otro de flores y venia muy contenta porque sus amigas le habían pedido consejo y ella se lo podía dar. El primer día dos amigas, el segundo cinco. Se sentía reconocida y había podido dar un desayuno "digno" a sus hijos.

También había finalizado el Ramadán y había cocinado pasteles típicos, así que al acabar la clase Alba y ella se pusieron a hablar ya como buenas amigas degustando esas delicias de miel.

Segunda lección: no pierdas de vista tu objetivo:

- *Tu meta es tu taller*: Te has esforzado mucho y quieres montar tu propio taller pero creo que has perdido tu objetivo de vista; estás contenta y quieres compartirlo pero tus amigas no se han esforzado en nada, no pagan tus lecciones, aprenden a tu costa. Y encima les invitas a té. Si les enseñas todo ¿quién irá a tu taller entonces?

¿Has pensado que alguna de ellas se puede adelantar a tus planes porque ya tiene los recursos? Le saldrá mal por supuesto, porque no se habrá formado pero a ti te va a dejar sin posibilidades, por bien que lo hagas tú la gente no quiere arriesgarse a confiar en un taller nuevo cuando el anterior ha cerrado.

- Gracias Alba, nadie me había hablado así antes, las amigas están para ayudar y tu me ayudas pero yo a ellas les soluciono sus problemas con mi esfuerzo, no tiene sentido.

- Eso es.

SI NO TE VALORAS TÚ NADIE MÁS LO HARÁ.

Se encontraron de nuevo al cabo de unos días y Saray comentó que una de sus amigas estaba pensando en abrir un taller, como no sabía coser le había propuesto que trabajara para ella y le pagaría un sueldo. Ella, fiel a su realeza interior, le dio las gracias pero lo rechazó, tenía hijos pequeños a los que cuidar y la necesitaban. Has adivinado ya que esa no era la razón ¿verdad?

Saray seguía aprendiendo, había hecho faldas, bolsos, colchas, había acortado pantalones y zurcido calcetines. Mientras tomaban café le contó a Alba la propuesta que había tenido y le pidió consejo.

Tercera lección: Roma no se construyó en un día:

- *Ten paciencia*: Tranquila princesa, la mayoría de la gente tiene muchos pajaritos en la cabeza y piensa que con dinero se arregla todo. Esta amiga, para empezar, no es tu amiga, te quiere robar tu idea pero no trabajar en ella. Mirará locales, buscará una modista, ella no coserá, no sabe, ni quiere aprender, la prueba de eso es que te quería contratar. Cuando se ponga en marcha sin un objetivo empezará a encontrar obstáculos y en menos de una semana todo será humo. Y ya no llamará a tu puerta ni por el té, se sentirá mal y puede que piense que la culpa es tuya por rechazar su oferta de trabajo, cuando la veas a partir de ahora dile siempre "adiós" pero nunca más "hola", su amistad no te conviene, es lo que se llama una persona tóxica.

En cuanto a ti debes seguir los pasos uno a uno, todo estará bien si sigues formándote, busca más maestros, y recuerda la primera lección: sé lo mejor que puedes ser.

Tu taller llegará, nunca lo dudes ni pierdas la esperanza, llegará. En realidad ya es tuyo, a su tiempo lo verás y será el mejor.

ESFUÉRZATE, CONFÍA, ESPERA...

Esa es la receta, sigue tu camino.

Y llegó el verano y se despidieron hasta el curso próximo, ¿adivinas el final de esta historia?

Pronto lo sabrás.

Con cada día llega nueva fuerza y nuevos pensamientos

Eleanor Roosevelt

Amelia — La Caridad

Amelia llegó a Girona porque quería estudiar danza en la escuela más prestigiosa de la ciudad. Se había peleado con su madre y necesitaba perder de vista sus regañinas por las cosas más absurdas, nimiedades que no veía nadie excepto esa mujer de carácter huraño llena de prejuicios.

Empezaré por decirte que nuestra heroína era una enfermera cualificada del área de urgencias desde hacía tres años y medio en el Hospital General Sant Anastasi de Lleida, patrón de la ciudad.

Como sabes, todos los males acaecidos en los cuarenta minutos antes del ingreso del paciente en el hospital entraban por esa puerta acompañados por familiares, amigos, quizá por compañeros del trabajo, o bien por desconocidos si es que venían por algún tipo de accidente.

Normalmente los llevaban allí bien en ambulancia, coche, o taxi, a veces llegaban por medios propios. Solos.

Precisamente a estos últimos es a quien prestaba más atención; ella sabía muy bien lo que era vivir en una casa con cuatro personas pero llena de soledad. Con las almas solitarias Amelia pasaba más rato que con los acompañados, escuchaba sus silencios a gritos:

-   ¡Por favor, que alguien me ayude!

Los médicos de cada turno la conocían y sabían bien de esta para ellos "debilidad":

- Tienes que prestar atención a todos por igual, todos los pacientes son importantes.

- ¿Por qué te detienes con éste? ¡Hay trabajo!

- Es que ha venido solo y…

- Y necesita lo mismo que todos, atención médica, no psicológica de pacotilla. ¡Espabila!.

Cuando tenía turno de noche Amelia llegaba a casa sobre las nueve de la mañana y se iba directa a dormir; su madre la miraba de reojo pensando que era un desperdicio dormir durante el día pero se callaba con gesto de enfado, sus otros hijos le habían dicho mil veces que si la chica trabajaba de noche necesitaba descansar de día. La madre pensaba que eso no era del todo cierto pero se callaba, tendría que hacerlo todo sola, con lo mucho que le dolía la espalda de tanto cavar.

La madre de Amelia se llamaba Felisa y odiaba ese nombre tanto como a sí misma, no entendía porque le pusieron ese nombre que invocaba felicidad si su vida había sido una desgracia desde el día que nació.

Felisa era la única hija de un matrimonio agricultor, en Lleida casi todos se dedican al cultivo de frutas y verduras. Soñaba con ir a la capital y estudiar enfermería, creía que cuidar enfermos le daría una riqueza interna que no acertaba a encontrar en el campo pero nunca pudo hacerlo.

Con tan solo doce años su padre enfermó muriendo de una insuficiencia pulmonar por causa de los venenos con que se fumigaban los campos contra los insectos en esos tiempos.

Con esa muerte, su madre la sacó del colegio y se la llevó con ella a cultivar de todo lo que se pudiera cultivar, tenían que trabajar duro de sol a sol para sobrevivir.

Esa agonía duró siete años durante los cuales Felisa aparentaba ya ser una mujer entrada en los treinta debido al sol y a la curvatura de su espalda de tanto cavar la tierra. Tenía solamente diecinueve.

Un día de agosto su madre murió delante suyo de un infarto. En esa región de Catalunya las temperaturas de verano pasan de los cuarenta y esa mujer no aguantó más el justiciero sol. Se la llevó la ambulancia ya en estado cadáver.

Felisa nunca lloró a su madre. En realidad sentía mucho rencor porque creía que le había impedido ser adolescente; le había obligado a pasar de la niñez a la madurez siempre en unas condiciones de soledad y cansancio que le parecían inhumanas. Nunca fue enfermera.

Sentada después del sepelio en el porche de la casa creyó que lo mejor era morirse también.

Pasaron tres semanas y seguía sentada en esa mecedora mirando al horizonte pensando que de horizonte no tenía nada, no había futuro, solo veía oscuridad fuera de día o de noche.

Un payés del pueblo la encontró de esa guisa cuando pasó a verla y se apiadó de ella:

- Hola Felisa.

- ¿Quiere algo? Porque no queda nada que pueda vender.

- Sí que queda. Quiero tus tierras.

- ¿Cómo?

Nunca se le ocurrió pensar que sus tierras tuvieran valor, solamente eran tierras y servían para lo que servían: cavar, cultivar, regar, cosechar, vender para poder comer y vuelta a empezar.

- No te preocupes, no necesito tu casa ni los quinientos metros alrededor, solo quiero las tierras de cultivo.

Felisa firmó el contrato de venta ante el notario por una suma de dinero que le permitiría vivir unos dos años si la administraba con cautela, ese fue el consejo que le dio Sebastián, apodado cariñosamente "el Sebas", hijo del comprador y a cuyo nombre puso el payés los campos.

- Mi padre me regala "*tus*" tierras para que pueda ganarme la vida honradamente, he sido un poco cabra loca últimamente, pero creo qua ha llegado el momento de sentar la cabeza.

Felisa le miró com si le estuvieran contando algo inaudito.

- ¿En serio se puede ser cabeza loca en la vida? ¿No tienes que trabajar mucho para vivir?

Sí, se tiene que trabajar para vivir, pero no hace falta que sea mucho si te organizas bien.

En tan solo un año Felisa y El Sebas se casaron. Él le pedía solamente que se portara como una buena esposa, no era menester trabajar, se organizaba bien entre los temporeros y un par de tractores nuevos. El Sebas trabajaba de la misma forma que había aprendido en la universidad de la vida, como un cabeza loca, pero sabía hacerlo a la perfección. Trabajaba lo justo, ganaba más que suficiente y los dos parecían felices.

De esa unión nacieron siete hijos pero solo les quedaron tres debido a una epidemia de sarampión y a que nunca los vacunaron como buena cabeza loca que era su padre.

Tampoco duró mucho la fortuna de Felisa en ese matrimonio pues El Sebas murió de un coma etílico una noche de esas que se escapaba con sus amigotes.

De nuevo sola, esta vez supo qué debía hacer para sobrevivir, volver a vender "*sus*" tierras, habían triplicado su valor gracias a las inversiones locas de su difunto marido a quien parecía que la diosa fortuna le bendecía, esta vez no se quedaría allí.

Con su dinero se fue a la capital, Lleida, donde compró un piso en un barrio medio cerca de un colegio, tenía todavía tres hijos, uno de ellos Amelia, la chiquilla.

Con su pequeña fortuna y una buena pensión que su marido le dejó en testamento gracias a un seguro de decesos – mira por donde el cabra loca no lo era tanto – Felisa tenía una existencia cómoda sin necesidad de trabajar, no obstante nunca supo agradecer aquel gesto a El Sebas, siempre pensó que mientras ella se deprimía en casa él se divertía fuera.

Al pasar los años los hermanos de Amelia montaron un gabinete de parafarmacia y medicina alternativa donde ella hacía los deberes, cualquier sitio era mejor que en casa con su madre depresiva. Así fue como se interesó también por el área de salud y acabó en la escuela de enfermería.

Las prácticas le llevaron al Hospital General de Sant Anastasi donde la contrataron para urgencias, tenía buena mano para los desconocidos solitarios.

Con el propósito de aparecer por casa lo menos posible aceptaba todos los turnos dobles y guardias que sus compañeros le pedían y de este modo fue como se dio cuenta que tenía ahorrado un buen capital. Sus amigos y amigas gastaban en fiestas, cenas y vacaciones pero ella prefería ahorrar. Ya hacía tiempo que no la invitaban, solo tenía una idea en la cabeza: perder de vista a su madre el mayor tiempo posible, se compraría su vivienda y podría descansar de tantas quejas que oía.

Si trabajo de joven podré hacer de mayor todo lo que me apetezca

Y con esa idea en la cabeza seguía capeando con su madre.

Ese miércoles acabó el turno de 28 horas hecha polvo. Hubo un accidente en cadena en la autopista, una cincuentena de coches más dos autocares escolares que acabaron incendiándose; el hospital parecía una gran superficie comercial el primer día de rebajas, no cabía un alma.

Había gente por doquier buscando a sus seres queridos. Madres llorando las heridas de sus hijos, camillas por todos los pasillos con multitudes de seres ensangrentados con etiquetas en el pecho cuyo color - que no las palabras - definía su estado: urgente, puede esperar, desahuciado.

Cuando todo estuvo ya casi en control ella y varios enfermeros más que permanecieron allí todas las horas del desastre fueron enviados a casa con dos días extras de vacaciones, tenían que recuperarse física y psicológicamente.

Amelia pudo dormir solamente cinco horas, su madre la despertó para que la ayudara, tenía que salir a comprar el pan, ella no se encontraba bien, le dolía la espalda:

- Ya sabes que tengo la espalda hecha polvo de tanto cavar para poder alimentaros cuando erais pequeños…

Amelia la miró con desprecio, sabía que trabajaba la tierra de adolescente pero nunca fue para alimentarles, eso lo hacia su padre. Salió a comprar pero tardó once horas en volver, no descolgó el móvil a nadie de su familia, estaba cansada.

- Amelia, tu madre se lleva las barras gallegas para los bocatas de tus hermanos y una integral para ella, así cree que se engorda menos. Por cierto, ¿estás bien?

El panadero cincuentón vestido y empolvado de blanco era el primer ser humano en toda su vida que le preguntaba eso.

- Tuve un turno de 28 horas….

- El accidente, ya veo. Pero no es eso lo que tienes. Te voy a dar un consejo gratuito aún a riesgo de que te enojes, te veo cada día cuando entras o sales y pareces zombi.

Se quedó con la boca abierta al escuchar al hombre de harina lo que tenía la osadía de decir:

Ahorra lo suficiente y vete sin mirar atrás.

O estarás muerta de verdad

- Ya tengo dinero ahorrado…

- Pues te quedan dos caminos, vivir o morir, pero no podrás vivir entre seres desalmados, te acabaran matando.

Por la vida de Amelia acababa de pasar un ángel.

En las once horas que tardó en regresar a casa se compró dos periódicos de anuncios por palabras y se recorrió cuatro inmobiliarias. Por la tarde había firmado un pequeñísimo apartamento de alquiler, cuarto sin ascensor, pero con unas vistas a la ciudad que invitaban a volar.

Su madre la esperaba encolerizada y llena de reproches. Ella ni se giró. Cogió una maleta, se llevó lo imprescindible y se fue sin decir adiós. Por la noche llamó a sus hermanos para contárselo, en unos días pasaría a recoger el resto de sus cosas. Si la querían ver podían llamarla.

- No hace falta Lía, mamá lo ha tirado todo, dice que tu habitación le irá muy bien para montar unos aparatos de gimnasia para sus ejercicios por su dolor de espalda.

- ¡Eran mis cosas!

- Lia, has hecho lo mejor que podías hacer. No se lo tengas en cuenta, ella envidia que tú tengas lo que ella nunca se atrevió a hacer, sí te quiere pero se odia a sí misma, nunca tuvo tu fuerza.

Empezando una nueva vida todo era diferente, sobre todo sentía **PAZ y LIBERTAD**.

Cuando llegaba a casa podía dormir y descansar lo necesario, no tenía ojos con miradas de rivalidad clavados en su nuca, su pequeñísimo apartamento era un gran palacio, en noches de luna llena ni falta hacía encender la luz.

Todo el mundo se percató del gran cambio operado en ella aunque nadie le preguntó el porqué. Su carácter era ahora afable y siempre había una sonrisa para quien quisiera saludarla. Los enfermos preguntaban si estaba de guardia y sus compañeros ya no le criticaban el tiempo que pasaba con los aquejados sin familia.

Con el paso de los meses llegó Navidad y en la sala de enfermería se preparaba la típica fiesta de cada año.

Rosa, la enfermera jefe se le acercó:

- Amelia, guapa, después de la fiesta nos vamos a la disco, ¿Por qué no vienes? Lo pasarás bien, nunca sales…

Y para asombro de todos aceptó.

Apareció en la sala de baile con un vestido rojo entre largo y corto, ceñido a esa cintura estrecha que nadie se había percatado que existiera, con el pelo suelto y unos zapatos marca Manolos también rojos que fueron la envidia de sus compañeras. Se había gastado la paga doble en ella misma, era la primera vez que hacía algo semejante.

- ¡Estás genial! ¿seguro que eres la misma Amelia?

Fue la noche en que se sintió valorada y querida por todos y se soltó a bailar, estaba feliz.

Todos se retiraron a sus casas a pasar las navidades en familia pero ella mintió a la suya, les dijo que estaba de guardia, eran sus primeras Navidades sola y quería disfrutarlas sin posibles discusiones.

Esa noche fue el preludio de los cambios que ocurrirían pronto en las siguientes semanas. Se había divertido tanto en el baile navideño que se apuntó a una escuela de danza donde acudía tres noches por semana.

Se soltaba, se sentía bonita y de paso hacía ejercicio para conservar su cuerpo en buen estado. Aprendía rápido, se le daba bien, pronto se olvidó de los reproches de su madre y de vez en cuando la llamaba:

- Estoy bien mamá, tranquila, puedes seguir utilizando la habitación, yo vivo al lado del hospital y así no tengo que coger el autobús para ir a trabajar y si me necesitan con urgencia voy enseguida.

Con la llegada de junio se organizó un festival en la Plaza Mayor y su escuela estaba invitada. Tuvieron mucho éxito en la actuación y su profesora se le acercó:

- Amelia, éste es Federico, dirige la escuela de danza profesional de Girona, quiere hablar contigo.

- Ah hola, dime…

- Bailas muy bien, he quedado gratamente sorprendido con tu forma de moverte, necesito bailarinas para una obra musical que estoy montando. Tres meses en la ciudad y seis de gira por España, me gustaría mucho poder contar contigo, ¿Qué me dices?

- Que está loco, yo soy enfermera, bailo por hobby.

- Pues quizá deberías pensarlo, la vida de bailarina acaba cuando eres joven, después siempre puedes volver a trabajar en un hospital.

Fue entonces cuando al domingo siguiente volvió a casa para ver a sus hermanos y a su madre y mientras comían les contó que un tal Federico la quería contratar para su compañía de danza. Serían solo nueve meses y como no dependía de nadie, podría ser una oportunidad única, aunque tendría que pedir una excedencia en la clínica.

- Mira qué bonito. A tu madre enferma no la vienes a ver nunca pero sí que puedes pasar nueve meses de bailoteo por ahí con desconocidos.

- Mamá, tú no estás enferma, tienes un dolor de espalda que no te impide hacer nada, hay mucha gente enferma de verdad que no se queja tanto, eres muy egoísta.

- ¡Pues vete a bailar! Suerte que tus hermanos me cuidan, de ti nunca he podido fiarme.

Y lo pensó. Creyó que Federico tenía razón, solo serían nueve meses y de vuelta al hospital. Ese acercamiento a su madre la estaba hundiendo de nuevo en la depresión, lo mejor era marcharse otra vez, cerca de mamá nunca podría ser feliz.

Como te contaba al principio Amelia llegó a Girona con una maleta y mil sueños. Federico le había buscado una pensión donde pasar ese tiempo allí mientras durara la obra musical. A las dos horas de llegar ya estaba empezando a ensayar con sus compañeras, al instante se dio cuenta que ese grupo era profesional, allí solo sería la última corista que faltaba para completar la coreografía.

- Cristina se cayó y nos faltaba una bailarina pero Federico dijo que ya tenía sustituta. Tú no eres profesional ¿verdad?, ponte las pilas que actuamos pasado mañana, tienes mucho que aprender, no nos hagas quedar en ridículo.

Ese fue el principio de su sueño, una pesadilla.

Federico se le acercó al ver su turbación:

- Nunca te dije que sería fácil, como se suele decir…

- Tampoco dijiste que tenía dos días para aprender toda la obra y que los demás eran todos profesionales, llevan aprendiendo desde niños, ¿qué hago yo aquí?.

- Creí que podrías hacerlo.

- Quizá con tiempo, no con dos días….

- Quédate después del ensayo, yo te ayudaré.

Estuvieron hasta la una de la madrugada. Federico le enseñaba con paciencia pero llegó un momento en que todo iba a peor. El cansancio del viaje, del ensayo, de la discusión con su madre que todavía bailaba también por su cabeza pasaban factura, ya no podía seguir.

- Gracias Federico, seguiremos mañana, estoy exhausta…

- No, ni hablar, aún nos quedan un par de horas, te falta más ritmo del que creía, con tus amigos bailabas mejor.

- Con mis amigos bailaba para divertirme pero

aquí la presión a la que me sometes me tiene agarrotada.

- Tengo la solución.

A regañadientes aspiró Amelia aquel polvo blanco que la hizo crecer falazmente. En un par de horas aprendió más que en todo el día y su ego subió como la espuma.

- ¡Perfecto Amelia! Ya sabía yo que podías hacerlo.

En ese estado de falso perfeccionismo que te dan algunas substancias se sentía realizada, bella, importante, querida….

Y querida estaba porque Federico la cogió en brazos para felicitarla y acabaron revolcándose por el suelo en un baile de amor, sus hormonas estaban en pleno festín.

El día siguiente fue una repetición del anterior, y así llegó la noche del estreno. Para regocijo de todos la obra fue un gran éxito de público.

Al mes del estreno la segunda bailarina se dislocó un tobillo y Federico le pidió que se esforzara una vez más, era una gran oportunidad que no podía dejar escapar. Y de nuevo volvieron los ensayos furtivos sostenidos por amor drogas y rock and roll.

Acabaron los tres meses del teatro y tenían que partir de gira pero eso no iba a ocurrir, Amelia se percató que estaba embarazada y tenía que dejar de lado ese nuevo hábito que la mantenía en lo más alto; la espuma blanca que subió tiempo atrás desapareció como por arte de magia.

En realidad desapareció por arte de Federico que la despidió y ya tenía otra candidata para el puesto, una chavalita de diecinueve años que brillaba aunque estuviera en la oscuridad.

En sus dos nuevos estados, de gestación y de drogadicción, se dijo a si misma que no podía volver a casa, su madre la iba a machacar por dentro y por fuera, era mejor inventar una historia y quedarse en Girona.

Sentada en un banco del paseo principal intentaba saber por dónde empezar de nuevo. Intentaba defenderse de los mil animales salvajes que paseaban por su mente a la vez que lloraba la pérdida del poder despótico de su amante.

Y otro ángel llegó a su vida.

Inmersa en sus pensamientos no se daba cuenta que cada lágrima suya desvelaba un sentimiento a cuál más tenebroso. En ese estado semiinconsciente se le acercó un hombre de unos cuarenta años, de apariencia afeminada y pulcro como un niño Jesús de pesebre.

- Señorita, está llorando, ¿me necesita?

- ¡Oh…! Disculpe, no le he oído acercarse…

- No he hecho ruido, temía asustarla…

- Gracias, estoy bien. Bueno, en realidad estoy desesperada pero no se preocupe, buscaré una solución.

- Quizá yo pueda ser parte de la solución.

A Mateo no se le veía a menudo por la calle. Era tímido y corpulento lo que le daba un aspecto totalmente contrario al hombre sensible que habitaba en su corazón. De personalidad afable pero lleno de inseguridades creía que la gente le miraba con disimulo riéndose de su apariencia.

Lo cierto era que ese hombre casi femenino escondía secretos que le hubiera gustado gritar a los cuatro vientos y sin embargo nunca se atrevió a hacerlo. Había salido de casa porque de vez en cuando se tenía que ir al súper si quería comer y a él le gustaba hacerlo. Le gustaba comer, no salir de casa, por si no me hubiera explicado bien.

Aunque salía a horas no punta para encontrarse el mínimo de personas posibles por la calle seguía agachando la cabeza.

Cuando vio a Amelia no pudo pasar de largo, tal era el sufrimiento que veía en su rostro e intuía en su alma. Mateo siempre creyó que la vida y su bisabuela le habían otorgado el don de la clarividencia, de ahí sus escondites, muchos le tomaban por loco.

- Creo que lleva una nueva vida en su vientre ¿me equivoco? No debería estar aquí, parece que no ha dormido en tres meses.

- ¡Dios santo! ¿Quién es Ud.? ¿Quién le ha hablado de mí?

- Solo mi corazón, o quizá mi bisabuela que está en el cielo, pienso que a veces me manda información sin que se la pida.

- ¡Váyase! Lo último que necesito ahora es un vidente. Por cierto, no existen los videntes, dígale a quien le manda aquí que se vaya al carajo.

- Me iré si quiere pero antes déjeme darle un zumo, le irá mejor que el café que está pensando tomar.

Totalmente desconcertada Amelia cogió aquel brick de zumo de melocotón y se lo bebió de golpe.

- A sorbitos señorita, su hijo no debe ahogarse…

Y Amelia soltó una carcajada por primera vez en dos días. Mateo se despidió de ella para ir a trabajar no sin antes darle una tarjeta:

- Por si necesita mi ayuda.

En la tarjeta de visita constaba su nombre y dirección, teléfono y su lugar de trabajo:

Mateo Alvilla

Enfermero jefe

Unidad de rehabilitación de adicciones

C/- de la Cruz, 27 17250– Girona

972 751 9723

Ese hombre inseguro en la calle era un gran profesional en la Unidad de Drogadicción del centro de día del Hospital General.

Al entrar en el vestíbulo Amelia buscó su nombre y lo encontró sin dificultades, ella sabía moverse en los hospitales.

Encontró a Mateo rodeado de gente que parecía quererle, pasarlo bien, no querían dejarle marchar. La vio de lejos:

- ¡Cuánto me alegro de verla! Debemos ponernos en marcha, Ud. no viene sola y lo tenemos más complicado pero saldremos con bien de ésta, ya lo verá.

- He venido a agradecer su amabilidad del otro día y a despedirme, aquí no tengo casa, debo regresar.

- Por favor, hablemos.

En el bar del hospital entre zumos y confesiones se encontró como en casa. Mateo había llegado a ella porque ella había acogido siempre a los pacientes solitarios, la ley del Karma podría ser que existiera

En esos momentos duros no estaba sola.

Al día siguiente Amelia estaba ingresada en una residencia para madres drogodependientes que dirigía una monja alta y gorda, parecía la hermana de Obelix, ya sabes, el que se cayó en la marmita de la superpoción mágica.

Atendía al nombre de Rosana, ya te has dado cuenta que era un nombre falso ¿verdad? Como falso era su hábito, lo llevaba porque así imponía más y las "chicas" no se quejaban tanto.

Fue duro, muy duro.

Quiso salir de sus infiernos sin medicación, no deseaba que su hijo naciera dependiente de nada, ella era enfermera y conocía los riesgos.

Cuando pasó el estadio de desintoxicación Rosana le pidió que le echara una mano:

- Muchacha, he visto que sabes lo que haces, debes tener estudios de algún tipo.

- Rosana, en realidad yo era enfermera de urgencias antes de perder la cabeza por la nariz.

- Ya decía yo...

Sabed que en estos establecimientos no es necesario contar nada, solamente quieren el compromiso real de querer curarse.

- Pues aquí necesitamos gente cualificada, yo te ayudo tu me ayudas, ¿qué me dices? Hasta que nazca el niño... y te pasará el tiempo más deprisa.

Amelia se reencontró a sí misma con los pacientes solitarios, ella les llamaba sus "*héroes anónimos*".

Entre llantos, histerismos y risas iba engordando y deshabituándose. Es la última y peor fase por la que pasan los adictos a la cocaína ya que el deseo de consumo es más fuerte.

Con Rosana trabajaba sobretodo la concienciación y el reconocimiento a la adicción y la fantasía de control, esta droga suele ser la más mortífera ya que sus seguidores creen siempre que están en control y pueden dejarlo cuando quieran.

Al darse cuenta que no es así se genera un malestar emocional que induce a seguir consumiendo, éste es el punto crucial.

Pero nuestra heroína aguantó.

En su momento Amelia dio a luz un niño pequeñín y vivaracho que lloraba y lloraba pero sus ganas de vivir le hacían devorar los pechos de su madre.

Cuando estuvo a punto para abandonar la residencia Rosana tuvo un ictus, ya sabes, es una especie de infarto cerebral que la dejó sin más posibilidades en esta vida.

Mateo se puso en contacto con Amelia y le pidió que se quedara, nadie como ella para ocupar ese puesto.

- Por favor quédate, te necesitamos, tú conoces el sistema, lo has vivido, nadie puede tener más experiencia que tu.

- Pero quería ir a ver a mi familia, presentar mi hijo a mi madre, es su nieto, y recuperar mi piso.

De nuevo Mateo le dijo:

- Por favor, hablemos.

Mateo se puso a su lado y cogiendo su mano le explicó que su madre había muerto semanas atrás. Sus hermanos sabían todo lo que había ocurrido en su vida por medio de cartas semanales que recibían de ese ángel que la cuidaba.

Ellos decidieron encubrir la muerte de Felisa para no interferir en la curación de Amelia pues podría haber sido una nueva situación de estrés que la indujera al consumo.

- Amelia, ahora tienes una vida que cuidar, esta será tu razón para vivir pero hay más razones, aquí te necesitamos.

Fue entonces cuando sus hermanos tuvieron permiso para venir a visitarla. Se abrazaron y se contaron todo lo ocurrido, tenían mucho de qué hablar.

Y a las dos semanas moría la que fue su segunda madre, en realidad su auténtica madre, Rosana.

Antes de cerrar los ojos le dijo que contaba con su ayuda, no podía dejar a sus "chicos" en mejores manos que las suyas, ella tenía corazón y experiencia y podría ejercer su trabajo.

Pasaron cinco meses desde entonces y Amelia llamó a Mateo:

- Me habéis convencido, aquí me siento como en casa y tengo un cometido importante que hacer, me quedaré con una condición.

- Ya salió la auténtica Amelia, ¿Cuál condición?

- Quiero un hábito gris como el de Rosana pero de mi talla. Y otra cosa más: me llamo Rosalía. Lía para los amigos.

Había elegido ese nombre porque era un híbrido entre Rosana y Amelia, le pareció un homenaje a quien tanto la amó y la cuidó y le dijo:

Si puedes y sabes ya está todo ganado, debes hacerlo.

En ese instante una enfermera del hospital entró precipitadamente:

- Mateo, tenemos un enfermo en estado crítico, tienes que venir con urgencia.

- ¿Sabemos quién es?

- No, solo acierta a decir que se llama Federico.

Y los dos, Mateo y Rosalía se pusieron en marcha, tenían un nuevo reto a superar.

No es la fuerza sino la constancia de los altos sentimientos la que hace a los hombres superiores

Friedrich Nietzsche

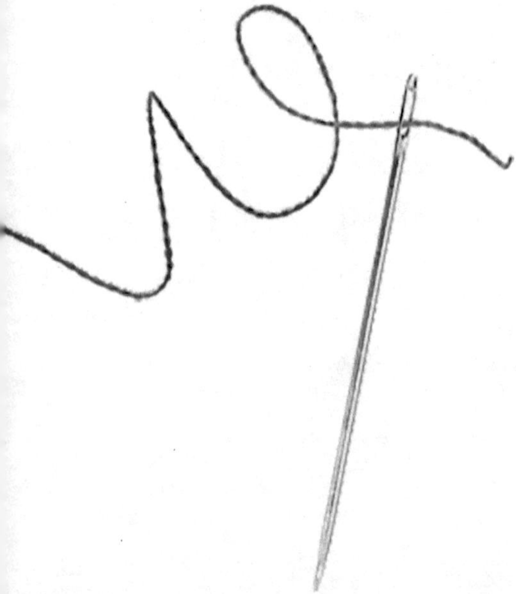

Carmela - La Constancia

- Primero debes coger un yogur de esos de cristal, es lo que te va a servir como medida de todos los demás ingredientes.

Así es como Carmelita empezó ese día en casa de su abuela a la que llamaba *"Baba"*, es una forma cariñosa de nombrar a las abuelas en el pueblo de Torrevella, en el Baix Empordà de Catalunya.

Carmelita tenía trece años y vivía en Barcelona con sus padres. En verano pasaba unos días en casa de su abuela Carmen que era la cocinera de un restaurante de ese pequeño pueblo desde hacía más de cuarenta años. Era una especie de pensión, la de más solera y donde la mayoría de habitantes iban a comer *"arroz a la cazuela"* los jueves; como en casi toda España el jueves era el día de la "paella" pero allí se hacía al estilo *"Carmen"*.

Carmen trabajaba en ese restaurante pequeño que salía en la guía de *"lugares que no te puedes perder"*. Cada jueves hacía dos enormes cazuelas de arroz para los huéspedes y otras seis para los incondicionales del pueblo que iban allí con sus recipientes de plástico a buscar sus raciones el día sagrado del arroz, tenéis que tener en cuenta que a solo 6 kilómetros se encontraba la población de Pals, famosa por sus edificios medievales y sus plantaciones de arroz que competían en sabor y calidad con los del Delta del Ebre.

- Pones el yogur en este bol y llenas el bote vacío con estos ingredientes: uno de aceite de girasol, dos de azúcar, tres de harina, pon también un sobre de levadura Royal, dos yemas de huevo…., lo bates todo y al molde.

- ¿Y ya está?.

- Bueno, ahora lo pondremos en el horno.

- ¡Es muy fácil!

- Es una coca, la más fácil de hacer. A medida que te hagas mayor te iré enseñando más cosas, no te preocupes.

A Carmelita le encantaba pasar los veranos con su abuela, era su primera fan en la cocina y aprendía cada cosa que veía.

Su cerebro absorbía toda la información que Carmen le daba y la que no le daba; pasaba todo su tiempo a su lado en un rincón del restaurante sin molestar, tomando notas, haciendo dibujos de cómo se montaban las bandejas y preguntando sin abrir la boca con ojos como platos, nunca mejor dicho.

- Después, cariño, yo te lo contaré todo cuando tengamos tiempo.

Carmen llegó al pueblo con doce primaveras. Era huérfana y una buena mujer que acogía niños en vacaciones la socorrió un par de veranos para que no tuviera que pasar calor en el orfanato. Como no podía llevarla a la playa, - Torrevella es un pueblo con mar - la metían en la cocina de la pensión, había trabajo y el tiempo era escaso así que le dijeron que se entretuviera por allí sin importunar. Carmen estaba encantada en ese mundo de cazuelas y sartenes, mil veces mejor que en el hospicio invernal, y un día preguntó si podía ayudar.

- ¿La chica puede ayudar?

Preguntó la camarera al cocinero.

- Si no le importa ir lavando platos….

- ¡Oh no! En serio, puedo hacerlo.

- Pues dile a Marcos que te dé un delantal.

Marcos era el hijo del cocinero que también trabajaba allí, en esa época casi todos los hijos solían empezar y acabar trabajando en lo mismo que sus padres. Él era quien se encargaba del buen funcionamiento del comedor y de que los platos llegaran con presteza a las mesas, tenía grandes dotes organizativas y con tan solo veinte años ya era el mandamás en la diminuta cocina con ocho personas que trabajaban codo con codo – nunca mejor dicho - ejerciendo sus trabajos.

- Tu, María, las ensaladas de la ocho!

- ¡¡¡Raquel!!! ¿Dónde está el cordero de la dos?

- Papi, tranquilo, la cazuela de arroz ya sale, dos minutos…

Y todo funcionaba a las mil maravillas.

Pasaron diez días y Carmen seguía allí fregando platos a tope, se había apropiado de la parte izquierda de la cocina entre el fregadero y la pared y nunca faltaba un plato limpio cuando se necesitaba.

- Chica, tú vales para esto, le dijo Marcos.

- ¿Para fregar?

- Sí.

- ¿Y no crees que puedo valer para algo más que lavar platos?

- Vaya vaya con la niña… ¿crees que podrías montar las copas de helado? Pero si faltan platos limpios te saco de mi cocina.

- ¡Naturalmente que puedo!

Y empezó a poner cucuruchos y terrinas de helado en platitos de postre.

- ¡Crocanti para la uno!

- ¡El helado de vainilla con mermelada de frutos rojos y galletas Birba para la once!

Y todos reían y aplaudían por la agilidad de aquella niña, la cocina se convirtió en un lugar de recreo y no de trabajo para todos los que trabajaban allí.

Y así fue como pasó el verano y Carmen tuvo que volver al orfanato con todo el dolor se su corazón.

Carmen no pudo volver con su madre de acogida los tres veranos siguientes, había suspendido dos asignaturas de bachillerato y las tenía que recuperar en los exámenes de setiembre, le costaban la química y la literatura. Al cuarto año le dijo a su tutora que no podía más:

- Me esfuerzo mucho pero no consigo aprobar, no sé qué más puedo hacer…

- Bien es cierto que te esfuerzas, te daré clases particulares y te pondré deberes para los fines de semana, si haces todo lo que te digo te aprobaré.

Y así lo hizo, era la niña más constante que nunca hubiera tenido en su orfanato y al finalizar las clases la llamó:

- Carmen, no sobresales en estas materias pero soy consciente de tu entrega, te voy a aprobar para que no te retrases ¡pero no me falles! pronto cumplirás los dieciocho, debes salir adelante en la vida, creo que necesitarás más tu constancia que la química.

Y sus escasos aprobados le sirvieron para poder volver a la cocina de su querido pueblo de mar.

- ¿Dios mío, como has crecido!

- ¡Josefa! Que ganas tenía de verte, ya van cuatro años sin venir, ¿seguiré ayudando en la cocina?

- Naturalmente pequeña, aunque lo de pequeña es un decir…

Carmen había cumplido ya los diecisiete y la naturaleza le había regalado una hermosura suave que pasaba casi desapercibida si no te acercabas. Lo mejor eran sus ojos del color del café que estaban en sonrisa permanente. Sobre las once de la mañana fueron a la cocina a empezar con los preparativos del arroz, ese día era jueves y el trabajo se doblaba con respecto a los otros días de la semana.

- Chicos, ¡mirad quien está aquí otra vez!.

Todos los allí presentes se alegraron de verla y le dieron besos y abrazos:

- Bienvenida Carmen, te hemos echado de menos.

Bueno, no todos la habían extrañado. La última en llegar a esa cocina era una chica de veinte años llamada Dúnia, tan alta como antipática y envidiosa que se dedicaba a fregar los platos; en la cocina no querían de ella más ayuda que esa porque era torpe como una foca.

- Esta es Dúnia, hace lo que tú hacías cuando estabas por aquí los otros veranos.

- ¿Qué tal Dúnia? Soy Carmen la nieta adoptiva de....

- Si, ya lo he visto.

Y Josefa intervino:

- Ven conmigo, ahora tendrás una habitación para ti sola, ya eres mayor.

En ese momento entró Marcos en la cocina y se quedó de piedra Al ver a Carmen no podía salir de su asombro, la niña alegre de antaño era ahora casi una mujer de formas suaves y aire fresco pero con la misma sonrisa de siempre.

- ¡Carmen! Mi niña, casi no te conozco, estás..., estás....

- ¿Mayor?

- Pues bastante, sí, ¿has venido a pasar el verano?

- Me quedaré aquí todo el tiempo que pueda, ¿y tu padre?

- Bueno... papá murió el año pasado, en un accidente de coche cuando volvía de MercaGirona.

- ¿Por qué nadie me dijo nada? ¡Habría llamado!

- Fue repentino y traumático, no quisimos preocuparte.

Y Carmen se adelantó y tirándose en brazos de Marcos le abrazó con dulzura y le besó en la mejilla.

Nadie se atrevió a decir nada, todos estaban con la boca abierta de asombro, todos menos Dúnia que rompió el estado de unión culinario en el dolor con un:

- Bueno qué, ¿sigo lavando platos o ya cerramos por hoy?, parece que aquí se está montando una fiesta de bienvenida.

Dúnia había aceptado aquel horrible – para ella – empleo por la única razón de poder estar cerca de Marcos el mayor tiempo posible, quería conquistar su corazón y envidiaba su talento para los negocios, deseaba casarse con él pensando que así podría triunfar en la vida, con un marido como Marcos todo el pueblo la aceptaría.

- Yo acompañaré a Carmen, Josefa, tenemos que ponernos al día, y mañana quiero su delantal aquí, ella se encargará de los postres.

Un estruendo de terrible tormenta se oyó en el fregadero en ese momento. Dúnia lloraba de rabia con las manos ensangrentadas por los cortes que le propinaron los platos que había roto.

- Dúnia, hija – dijo Marcos – nunca pones cuidado en nada, nos vamos a dejar los beneficios comprando de nuevo todo lo que rompes.

Al día siguiente Dúnia llegó la primera, quería disculparse con Marcos y de paso hacerse un poco la víctima para conseguir también un abrazo, pero cuando Marcos entró llegó acompañado por Carmen, los dos a carcajadas por las historias que contaba un cliente habitual cuando iba a desayunar allí sobre las nueve.

- ¡Ese hombre es algo serio!

- ¡Sí! No creí que siguiera desayunando aquí

- Pues no falla ni un día.

- Ah! Hola Dúnia, hoy llegas pronto, que raro…

- Hola Dúnia, dijo Carmen.

Y así fue como Dúnia se percató que tenía una rival invencible, y pensó en vengarse:

- Carmen, lo siento, vas a tener que lavar los platos tu, yo tengo las manos vendadas por las heridas de ayer, tu friegas y yo montaré los postres.

- Oh, vale no hay problema, ¿te duele?

Marcos estaba allí observando, en silencio, con muy mala cara; intervino para resolver la situación.

- Dúnia, aquí tú no decides, la cocina es mía.

- Pero es que no puedo…

- Y lo entiendo. Será mejor que te vayas, así no puedes trabajar, te mandaré el finiquito a casa, estás despedida, nadie trata mal a mis amigos.

Carmen intercedió para poner paz y para intentar que Marcos recapacitara pero todo fue inútil, Marcos decidía y Marcos había decidido.

- Carmen, la quería despedir desde el primer día pero quise darle una oportunidad, la gente tóxica no es buena compañera de trabajo, ya era hora que se fuera.

Y el verano pasó.

A finales de setiembre la temporada finalizaba y Carmen decidió que tenía que irse, necesitaba un trabajo estable y un sitio donde vivir, había terminado los estudios y le quedaban dos meses para los dieciocho, tenía que organizar su vida, así lo prometió a su profesora y ella cumpliría su palabra.

- ¿Cómo que te vas? ¿Cuándo?

- La primera semana de octubre, debo emprender una vida de adulta a partir de ahora, no tengo familia y me toca espabilar.

Nunca pensó Marcos que aquello podía pasar. En ese instante tuvo uno de esos pocos momentos que pasan en la vida de todos nosotros, su cielo se abrió de repente, se percató de lo enamorado que estaba.

- Carmen…

- Debo irme, tengo que avanzar en mi vida.

- Carmen…

Sin mediar palabra Marcos la abrazó, la besó y le pidió que se casara con él. Ella lo sabía. Antes que nadie sabía que Marcos la quería pero eran muy jóvenes, sobre todo ella. A los veinticuatro un hombre no está preparado para el matrimonio. Ella cumpliría dieciocho en dos semanas pero una estancia de catorce en un orfanato la habían hecho crecer diez años más.

- Gracias Marcos, no puede ser

- Espera y verás.

En ese momento empezó a llegar el personal de cocina, al momento se dieron cuenta que algo pasaba. Él se fue llorando y ella les dijo a todos que tenía que partir a Barcelona en unos días. Nadie dijo nada, la abrazaron y se pusieron a trabajar.

Ese turno de restaurante pasó en el más absoluto silencio.

Las dos semanas pasaron rápido y sin demasiadas alegrías, sabían que llegaba el final de temporada y todo volvería a su cauce. Ese último jueves de verano Carmen pidió cuidarse de las cazuelas de arroz, quería despedirse a lo grande, nadie se opuso. Al finalizar el turno Marcos les requirió en la cocina, se hacía cada año el último día de la temporada de calor, comían juntos, celebraban los éxitos del verano y se emplazaban para el año siguiente.

- Tengo algo que anunciaros: este año todo ha sido diferente y quisiera agradeceros vuestra entrega, os quiero dar una mensualidad extra.

Cierto que la temporada había sido estupenda pero nadie imaginaba tanta generosidad.

- Y también quisiera anunciaros otra cosa: le he pedido a Carmen que se case conmigo. Me ha rechazado pero sé que lo hace por mí, ella también me quiere, lo intuyo, y se lo vuelvo a pedir delante de todos vosotros. Carmen, mi querida niña, ¿quieres casarte conmigo? No viviré sin ti ni mi restaurante tampoco.

Y le puso un gran diamante en el dedo.

De esa manera tan poco convencional empezaron su vida juntos, juntos hasta que un accidente de coche al cabo de treinta y dos años acabó con la vida de Marcos volviendo de Mercagirona, de la misma manera que murió su padre.

De ese matrimonio culinario nació un hijo, Pedro, que no deseó seguir la tradición familiar i estudió para arquitecto. Pedro a su vez tuvo una hija a la que llamó Carmelita, y cada verano pasaba sus vacaciones en

Torrevella con su abuela Carmen.

No cabía ninguna duda que Carmelita era digna descendiente de su abuela; tenía el mismo desparpajo y decidía con prontitud, pero sobre todo le gustaba la cocina.

- Venga va, ¿ya has batido los ingredientes de la coca? La tenemos que poner en el horno, la necesitamos para las siete, celebramos el cumpleaños de Alba, la señora del taller de costura, sus alumnas le van a dar una fiesta sorpresa.

Y así pasó el verano Carmelita con su *"Baba"* que le fue enseñando a cocinar.

Y así también pasaron los años. Como era de esperar Carmelita cursó restauración en la Universidad y con ayuda de sus padres y de un crédito bancario montó un restaurante, pequeñito pero muy coquetón, en el casco antiguo de Girona.

Su negocio iba viento en popa y el plato estrella era un arroz a la cazuela, el *"Arroz Carmen"* en recuerdo de su abuela que había muerto años atrás. Lo hacía con la misma receta exacta que le pasó su *"Baba"* junto con todo el recetario de la pensión de Torrevella.

Al ver progresar su negocio y una vez todas las inversiones estuvieron pagadas nuestra heroína decidió ampliar y buscar un nuevo local para un segundo restaurante. Otra vez necesitó la ayuda de sus padres y de los bancos que se la facilitaron encantados, en menos de seis meses abriría Carmelita 2.

Para este nuevo proyecto buscó personal: cuatro camareras un encargado, un cocinero jefe y dos ayudantes de cocina. A las entrevistas se presentaron unas sesenta personas debido a la buena fama que ya gozaba su primer establecimiento durante sus nueve años en vida. Uno de los postulantes a cocinero jefe era Octavio.

- Buenos días, soy Octavio, quedamos para hoy.

- Lo sé. ¿Cuáles son sus estudios?

- Estudié cocina en la escuela Vista de Barcelona, el curso de Técnico Superior en dirección de cocina, a distancia, es la mejor escuela, preparan cocineros a nivel internacional.

- ¿Has dicho a distancia?

- Sí, bueno, hacen presencial y distancia, elegí esta opción porque trabajaba para pagarme los estudios. Fue realmente duro pero lo conseguí, pocos lo consiguen, los cursos presenciales son más fáciles.

- Pero… ¿y las prácticas? Supongo que cocinabas algo…

- Por supuesto. Tengo el título aquí mismo por si quiere verlo.

Carmelita hizo una copia del falso diploma y le dijo que lo tendría en cuenta; le daría respuesta en una semana.

- Carmelita, ¿puedo llamarte así? Estoy plenamente capacitado, puedes estar segura.

Esa manera cordial de dirigirse a ella le incomodó pero creyó que era por la edad, ella tenía treinta y dos años por entonces y Octavio treinta y nueve.

- Me gustaría empezar cuanto antes, creo que nos llevaremos bien.

Se había fijado en ella, en su forma serena y dulce de hablar, intuía que debajo de esa coraza habitaba toda una "*guindilla de maceta*" que disfrutaría con la vida bohemia del motero más descontrolado.

Octavio era Leo. ¿Tienes alguna idea de horóscopos? Los Leo en general son personas creativas y entusiastas, con madera de líder, lo cual le gustó a Carmelita porque tendría que delegar en él, no se puede estar en dos sitios a la vez.

A la semana Carmelita había tomado su decisión y el nuevo restaurante ya estaba a punto de inaugurarse, por tanto firmó todos los contratos con su nuevo personal y montó una fiesta descomunal a la que asistieron todos los Vips de Girona.

Se encargó ella misma de preparar el menú y el banquete salió en primera página del periódico local con reseñas extraordinarias. Por supuesto con cazuelas de "*Arroz Carmen*".

A los dos meses las reservas estaban al completo con dos semanas de antelación.

A los cinco meses las reservas no llenaban el restaurante.

Con preocupación Carmelita decidió dejar preparadas las famosas cazuelas en el primer establecimiento y pasar por el Carmelita 2. Fue a ver a Octavio para preguntarle qué estaba pasando pero ese día él no estaba; su segundo le dijo que solía ocupar algunas horas de vez en cuando, según él, para mejorar los platos de la carta, pero que les dejaba todo a punto para que funcionaran de manera autónoma.

- Ah! Muy bien. Pero hoy es jueves, ¿Dónde están las cazuelas?

- Hoy no hacemos, tenemos Risotto de peras con queso de cabra y salsa de nueces, es una receta de Octavio. Ha ido a buscar la variedad de arroz Padano que tiene una proporción de almidón ideal para que quede al dente. Eso dice él…

- ¿No hacéis el "Arroz Carmen?

- Hace semanas que Octavio nos enseña variedades distintas de arroz para los jueves.

- ¿Por qué?

- Nos comentó que Ud. quería innovar y que le había delegado ese trabajo a él.

- Muy bien, de acuerdo. Saca las cazuelas ahora mismo.

- Pero no tenemos los ingredientes….

- Yo sí.

Carmelita llamó a su distribuidor principal y le contó lo ocurrido. Le pidió lo de siempre y le rogó que fuera con urgencia; solo lo dijo una vez, su proveedor se lo llevaría personalmente en veinte minutos.

Sobre las once y cuarto del mediodía volvía Octavio con bolsas de sus peras preferidas y el queso comprado en "*Los Italianos*".

- ¿Qué haces aquí? Hoy es jueves, ¿No tienes trabajo en tu restaurante?

¡*Éste es también mi restaurante*!

- Pero dijiste que yo me encargaba de todo.

- De todo sí, pero de todo lo que yo quiero que se cocine aquí, no de tus experimentos.

- Son mucho mejores que tu negra cazuela de la Carmen esa…

¡Wow! Pobre Octavio.

Ese jueves volvieron las cazuelas "Carmen" y los clientes la felicitaron por un arroz excelente.

Carmelita no lo dudó un segundo, despidió a Octavio de manera fulminante.

Pero algo no tuvo en cuenta nuestra heroína, ¡Octavio era Leo! Todas las buenas cualidades de ese signo tienen su opuesto como casi todo en la vida, y él no era una excepción.

Los Leo del lado oscuro son vanidosos, inmaduros y orgullosos; tienen carácter dominante, son independientes y se crecen ante los obstáculos que, si bien esto podría ser una cualidad, en sentido contrario les hace negativos, arrogantes y prepotentes. Desean mandar por encima de todo y de todos como el león en la selva y llevarle la contraria origina intolerancia y despotismo, cuando se ponen tercos dan ganas de darle un bofetón. Como mínimo.

Al momento ese jefe de cocina dejó de serlo en el restaurante Carmelita 2 y su orgullo mal entendido se fue hinchando como un globo de gas letal. Has oído bien, de gas letal. Esa idea le pasó por la cabeza al instante y supo lo que tenía que hacer, nadie se acordó de pedirle las llaves.

Eran ya las dos y cuarto de la madrugada, justo cuando todos ya han acabado la limpieza y los camiones de las basuras aún no pasaban. Octavio cogió ese papel donde había apuntado de qué manera se hacía explotar una bombona de gas con la distancia y el tiempo prudencial para que no le alcanzase - en Internet hay de todo bueno y malo - y poder tener una coartada.

Entró despacio, sin hacer ruido, como un ladrón, como lo que era….., le había robado la identidad del restaurante a su dueña al cambiar los platos.

Después de montar sus artilugios se sentó en la silla del despacho de su exjefa a contemplar la gran obra, se recreaba en la autocompasión. En veinte minutos de vanidoso deleite dejó las llaves sobre la mesa y se marchó de ahí saboreando la destrucción que aún no había empezado.

Se veían las llamas desde todos los tejados de la ciudad. Carmelita estaba al otro lado de la calle, no la dejaban acercar más. Viendo todo ese horror anaranjado y humeante sin apenas expresión en su cara miraba como todo se desmoronaba a su alrededor, tenía que resolver aquel misterio cósmico.

Sobre mediodía Octavio miraba por la tele aquella *"gran desgracia"* desde su cama esperando revivir el maravilloso momento del estruendo. Entonces llamaron a su puerta:

- ¿Octavio Martínez? policía.

Esperó a abrir al segundo llamado.

- ¡Sr. Martínez! Policía.

- ¿Qué ocurre?

Abrió la puerta en pijama, despeinado, con olor a alcohol, lo tenía todo ensayado. El detective Isidro entró sin permiso, quería ver todo lo que allí le pudiera dar una pista.

- Hay un gran incendio en el "*Carmelita 2*", creo que Ud. trabaja allí.

- ¡Trabajaba! Esa mala pécora me despidió ayer por la tarde porque cocino mejor que ella.

- ¿Dónde ha estado desde entonces?

- Fui a ver a mis amigos, se reúnen siempre en el bar de la estación, hemos estado allí hasta las cinco y media de la madrugada, ¿no me ve? Tengo resaca….

Isidro le preguntó un par de cosas más y le dejó con un "*hasta la vista*". Su pretexto era bueno, los amigos y algunos viajeros que pasaron por allí lo confirmaron.

Era domingo y en el "*Carmelita*" había mucha gente haciendo cola, sabían que el restaurante cerraba esa semana porque a raíz del incendio no se pudo hacer frente a los préstamos del "2" y el banco se quedaba con el "*Carmelita 1*".

Toda la ciudad quería despedirse de esa famosa cazuela de arroz extraordinaria, razón por la cual Carmelita había bautizado todos los días de la semana como lunes-jueves, martes-jueves, miércoles-jueves…. Y así hasta el domingo-jueves. Eran las últimas "*cazuelas Carmen*" de su vida.

Para agradecer la diligencia de Isidro le invitó a comer, le había puesto una mesa en la cocina con dos platos para él y su mujer pero llegó solo;

- No tengo a mi mujer desde hace dos años, murió de cáncer, bueno, de leucemia.

- ¡Pero Ud. habla siempre de ella!

- Nos conocíamos desde la infancia, aún la veo a mi lado vaya donde vaya, así no me siento solo y la gente no me mira con compasión.

Charlaron mucho mientras comían y llegaron a los postres, un estupendo pudin de Tiramisú receta precisamente de Octavio.

- Era un cocinero excelente pero también un envidioso excelente. Quería todo lo mío incluida yo, a mí nunca me interesó esa faceta suya. Sigo creyendo que el incendio fue cosa suya...

- No hay evidencias de ello, lo lamento, Carmelita.

Brindaban con una copa de buen cava por el cierre, Carmelita creía que sus restaurantes le habían dado unos años maravillosos y se lo debía a su "*Baba*" Carmen, no tenía que ponerse triste.

- Carmelita, está aquí el jefe de bomberos, pregunta por Isidro, le he dicho que pase, - le dijo su segundo -.

- ¡Sí, sí claro!

- Buenos días Isidro y compañía.

- ¿Una copa de cava? Celebramos el cierre.

- Oh gracias pero tengo que decir la frase célebre: "estoy de servicio". Isidro, ¿tiene un momento?

Isidro volvió junto a Carmelita a los tres minutos con un objeto en la mano:

- ¿Reconoces esto? Estaba entre los objetos que los bomberos investigan.

- Pues... creo que son las llaves de Octavio.

- ¿Te las devolvió?

De ahí sacaron todo el hilo Algunos amigos del individuo en cuestión contaron que Octavio se había ausentado unos 45 minutos por encontrarse indispuesto pero volvió para seguir bebiendo con ellos, la hora coincidía. Una bamba encontrada en el registro de su piso tenía restos de acelerante, y había tirado las llaves al mar porque se olvidó de devolverlas, eso dijo.

Ante todas estas evidencias Octavio confesó: "tuve un momento de locura", mi "*guindilla de maceta*" no me amaba.

Isidro y Carmelita se reencontraron al cabo de cuatro años por la calle:

- ¡Qué alegría verla, como está?

- ¡Genial! Lo pasé fatal, Isidro, tuve una gran depresión y estuve internada, pero hace unos dos años vino a verme el segundo cocinero, me contó que se había enterado de mi enfermedad y me dijo que tenía el antídoto.

- ¡Vaya! ¿y cuál fue?

Y un ángel pasó por su vida.

Aquel hombre que pasó desapercibido durante tanto tiempo observaba a Carmelita con devoción. Nunca le dijo nada, sabía que ella prefería la soledad, pero acertó de lleno en todo lo que a ella se refería.

Le habló de la Institución en la que era voluntario. Hacían desayunos y comidas para los "*sintecho*"; eran un grupo de siete personas todos con vidas anteriormente desastrosas; se reunían para no volver a drogarse, a robar, a violar, a maltratar…., querían "*reprogramarse*" para tener una vida nueva que les llenara de esperanza.

Ese segundo cocinero le dijo que necesitaban ayuda, una Carmen, alguien que les guiara, no podían seguir sin un plan porque cada día acudían más y más y más almas hambrientas a su pequeño local.

- ¿Sabes Isidro? Mi segundo cocinero me trajo un regalo cuando vino a verme, el mejor de mi vida.

- ¿Cuál fue?

- Tres fantásticas cazuelas negras.

Y Carmelita empezó de nuevo, pero...

Habían pasado ya cuatro años de la tragedia y dos desde la visita de su segundo. En el tiempo transcurrido Carmelita, a la que ahora todos llamaban Carmela, se había puesto al frente de una organización sin ánimo de lucro que daba de comer a centenares de personas al día.

No fue fácil ponerse en marcha, el Ministerio de Sanidad les ponía muchas trabas no en el sentido de la idea sino más bien porque sus clientes no eran precisamente seres de limpieza celestial. Muchos vivían en la calle pero las cosas habían cambiado mucho con la crisis, ahora comían allí familias enteras debido a la pérdida de empleo de padre y madre y a haber agotado el subsidio de paro.

Carmela se reveló allí como lo que era en realidad, una cocinera extraordinaria, pero lo mejor fue sus grandes dotes de organización heredadas de su abuelo Marcos y la terquedad y empeño de su abuela Carmen.

Visitó ayuntamientos, ministerios, asociaciones religiosas, el Banco de Alimentos. Pero lo principal fue la ayuda que recibía de los mejores restaurantes de la ciudad que guardaban lo que no servían a sus clientes VIP pero que era comida divina para sus "*clientes*".

Todas las mañanas salía con su "segundo" a recoger los sobrantes de los restaurantes. Al mediodía tres cazuelas negras de "Arroz Carmen" para todos más un segundo plato y postres que les llegaban cada día gracias a los mecenas de la ciudad y a sociedades caritativas. Y además les proporcionaba una bolsa Pícnic para que no se fueran a dormir sin comer.

Al año y medio estaban arreglando un local donado por una inmobiliaria donde poner duchas y camas para 200 personas. Carmela y su segundo tienen en la actualidad tres comedores sociales y un asilo. La plantilla la forman 34 personas que anteriormente eran "*desechos" sociales*" - aunque ella les llama sus Ángeles resucitados del infierno – que están dirigidos por las mismas personas que se unieron a ella en su primer restaurante.

SI PERSEVERAS NI EL FUEGO PODRÁ CONTIGO

Segundo cocinero la ama con locura como cada día desde que la conoció. Carmela ama con locura su nueva vida y es la razón por la que nunca quiso casarse.

A las dos del mediodía hay una cola considerable delante de su local porque ella - micro en mano -

cuenta la misma historia un día tras otro. Te la voy a contar:

"Chicos, no desesperéis nunca. Yo he estado allí, en la desesperación, lo perdí todo, pero os puedo decir que a ese hombre que me arruinó le debo la más grande fortuna de mi vida, y es estar aquí con vosotros.

A mi vida llegó un Segundo Ángel, siempre tendremos un segundo ángel. Cuando os hable no hagáis oídos sordos porque también puede que la fortuna, a partir de ese momento, se instale en vuestra casa y en vuestro corazón".

¡HOY TOCA "ARROZ CARMEN", A COMER!

*No es una fe en la tecnología,
es FE en las personas*

Steve Jobs

Aida – la esclavitud del ego

¡Aterriza!

La última vez que había tenido una cita su partenaire era un adolescente imberbe.

- Chica estás en las nubes, ¿tan bien fue la cita de ayer?

- ¿Qué cita?

- Tú nunca te despistas, tu comportamiento de hoy es muy poco corriente, tú has tenido una cita.

Llovía a cantaros al salir del despacho esa tarde y Aida buscaba un taxi. Cuando se percató que se acercaba una luz verde sobre el techo de ese coche levantó la mano con emoción, lo había encontrado pronto.

Justo a su espalda otra mano se levantaba.

Cuando el taxi paró quisieron abrir la puerta los dos personajes a la vez.

- Perdón, el taxi es mío, dijo Aida.

- ¡Yo levante la mano primero!

- Mira guapito, esto no es la típica película de dos almas gemelas que se encuentran buscando un taxi, este taxi es mío, tendrás que espabilar.

Y sin pensarlo un segundo subió y cerró la puerta dejando al pobre hombre agitando los brazos a la lluvia.

Aida trabajaba en una agencia de viajes. Era una mujer fascinante, misteriosa, soñadora, los viajes daban alas a sus sueños. Precisamente esta última ¿cualidad? era lo que la hacía emocionante a los ojos de los hombres cuando la miraban por segunda vez, en la primera mirada solía pasar bastante desapercibida, ella no parecía interesarse por el sexo opuesto.

También era coqueta. Si algún cazador de "*zorras*" se le acercaba les dejaba llegar hasta veinte centímetros de su espacio personal, no más, de ahí que los desgraciados que la habían intentado conquistar la etiquetaban como una "*calientabraguetas*".

A ella le encantaba jugar con esos tontos que van de guais por la vida. Soñaba que alguno de ellos podría quizá llegar a ser interesante algún día.

- Quién sabe, soñar es gratis y mis sueños tienen la ventaja que acaban como a mí me da la gana.

Para Aida un "*interesante*" era un hombre guapo rico y amable de esos que es mejor no conocer, suelen tener la manía de comportarse como chicos malos y acaban convirtiéndose en sapos peludos, los buenos de verdad ya estaban pillados.

Cuando por fin llegó a su casa se dio un baño caliente y se vistió para caer en uno de sus sueños preferidos, ese del chico malo. Entre el sofá, la taza de té y su propia mano el sueño acababa siempre en una orgía de amor total.

- ¡Que aterrices chica! ¿Se puede saber en que estas soñando esta tarde?

- Vale, lo siento. ¡Es que ayer hice trampas! Le quite el taxi a un pobrecito ejecutivo al que dejé allí tirado bajo la lluvia, pensaba que quizá me pasé de la raya.

- O pensabas que podrías haber compartido taxi y llevártelo a casa, como en las películas, jajaja….

- Pues mira no estaba mal el pollo ese. Pero no, fue muy indolente quedándose allí sin plantar cara, el taxi por supuesto era suyo, pero yo fui más rápida.

La broma duró toda la tarde. Cuando faltaban unos veinte minutos para cerrar entraba un cliente, uno trajeado con maletín de puente aéreo.

Al entrar se paró en la primera mesa para pedir un billete de avión a Italia. En un castellano perfecto saludó:

- Buenas tardes señorita, necesito un vuelo a Pisa para mañana, ayer perdí el mío por la lluvia, una mujer me robó el taxi y no alcancé a llegar al aeropuerto. En primera clase por favor.

Aida y su compañera se miraban escondidas entre risas detrás de la máquina de café.

- ¡Lo tienes ahí!

- Jo, si me ve me mata.

- ¡Aida! El señor quiere billete para Pisa. Lo siento señor, yo me ocupo solamente de los vuelos nacionales.

Aida cerró los ojos, no tenía más remedio que salir de su escondite. Cuando Piero la vio quedó estupefacto.

- No se preocupe, solo robo taxis, los vuelos a Pisa no son mi especialidad.

Piero se acercó a su mesa y entre cabreo y sonrisa al final obtuvo un pasaje para las cuatro PM del día siguiente.

- ¿Crees que puedes invitarme a cenar? Tu robo me ha costado una noche más de hotel y la irritación de mi mujer y de mi jefe.

Aida le llevó a "*La Tasca del león*", un mesón estilo castellano donde podías comer menú, tapas o a la carta.

La conversación fluía sin más. Él le contó que hacía viajes una vez al mes porque su empresa, una de las más prestigiosas fabricantes de máquinas de café….

- Como la que tenéis en la agencia, por cierto

Tenía muchos clientes en la región. Él se encargaba de mantener al día la configuración interna del chip de recarga. Aida no tenía ni idea de lo que le estaban contando.

Se lo pasaron bien. Al salir fueron a tomar unas copas al barrio antiguo y alrededor de las doce de la noche dijo que necesitaba ir a dormir, trabajaba al día siguiente.

Piero la acompañó hasta su casa. Al despedirse se miraron pero él le dio un beso en la mejilla y se despidió.

- No quiero que pienses que estaba ligando contigo, ¿somos amigos? Vendré el mes que viene, si quieres repetimos cena.

- Gracias Piero, ya estaba yo buscando una excusa para no invitarte a subir, no sé porque los hombres creen que las noches tienen que acabar en la cama.

- Algunos hombres.

- Buen vuelo mañana. Hasta pronto.

Aida sabía que a los hombres interesantes no se les puede dar lo que piden así a bote pronto porque pierden todo interés por ti. Y lo puso en práctica.

Durante ese mes Aida hizo lo mismo que hacía cada mes los últimos dos años: trabajar. Sus únicos momentos de esparcimiento eran las noches en su sofá, los que pasaba en el gimnasio tres veces por semana y la tarde que iba a coser al taller de costura **Alba** donde se encontraba con unas no amigas con las que se podía compartir algunas experiencias.

Una de esas no amigas era Catalina, como se sentaban de lado solían hablar.

- Llegas tarde Aida, y la clase está superinteresante.

Aida estaba de Catalina hasta las tapas por decirlo de forma suave. Era como la empollona de la clase, siempre levantando el dedo. Si Alba hablaba de hilos ella tenía de todos los colores y formas. Si la clase iba de poner cremalleras ya se esperaba sentada en la máquina de coser para empezar y acabar antes que nadie. Todo en ella era una competición.

Enjuta de tan delgada que estaba iba vestida con un tejano ancho i la camiseta de siempre, talla XXL, que le llegaba a las rodillas, creía que así parecía menos delgada. Su pelo largo y negro peinado hacia atrás, siempre aprisionado en una trenza le daba la apariencia de misionera de los años cincuenta. Nunca se maquillaba. Y, ¿pretendía encontrar novio de esa guisa? Pobrecita…

Y sobre todo su voz. La voz de Catalina machacaba los oídos de su compañera como las campanas de la Catedral.

Catalina era soltera a sus 32 años y solía decir pestes de los novios, maridos o parejas de las demás chicas de clase aún sin conocerles. Ninguna le preguntó nunca porque estaba sola, creían saberlo, no era en absoluto agraciada. Poco imaginaban la vida anterior de la mujer que habitaba en ese pequeño cuerpo.

Entre ellas, cuando no les oía, la apodaban "*Mata Hari*".

Catalina sabía cuál era su apodo.

Aquella mañana Vane, la compañera de taller de Alba, encontró una billetera en el suelo y como es lógico lo abrió para saber de su dueña. Halló una documentación francesa y fotos de una bailarina indonesia espectacular.

¿Catalina era francesa?

Pues nadie diría que la mujer de esa fotografía fuera la misma que asistía a sus clases de costura. Descolgó el teléfono para llamarla:

Cuando Alba llegó se la enseñó y pensaron en citarla.

- Catalina, soy Alba, creo que has perdido algo.

- ¿Tienes mi monedero? Por lo que más quieras, que nadie se entere que soy francesa.

- Por supuesto, tranquila, no temas nada, te lo guardo para cuando quieras recogerlo.

No pasaron ni diez minutos y Catalina apareció

por el taller. Vestida como siempre pero sonrojada como un tomate de tanto llorar.

- Pasa, toma un poco de agua, cálmate….

Catalina estaba muy asustada y se hundió en brazos de su profesora. Le contó que nació en Bali y era hija de una bailarina indonesia y un general francés. Su madre estaba aterrorizada por ese militar que se moría de celos cada vez que su esposa tenía que actuar en el teatro y la molía a palos. En uno de sus destinos le ordenaron ponerse al frente de una unidad en Argelia y su madre aprovechó la ocasión para escapar.

Marchó con ella a Yakarta donde pasaron unos años hasta que el general las encontró. Por entonces Catherine, su nombre auténtico, ya tenía diecisiete años y había heredado la gracia de movimientos y la belleza escultural de su madre.

Una noche en una discusión su padre lanzó a su esposa al mar, nunca la encontraron, pensaron que no sabía nadar y las olas se la llevaron mar adentro. La verdad era otra: su padre mandó a dos de sus soldados encarcelar a su madre con nombre falso, nunca salió de allí.

Su padre se llevó a Catherine a Argelia y la presentó a todos como su nueva esposa. Muchas noches, borracho, iba a su habitación e intentaba abusar de ella hasta caer exhausto, la llamaba Mei, el nombre de su madre a quien nunca olvidó. Los abusos no eran solamente sexuales, a veces eran palizas con un trapo relleno de arena que le dejaba la piel en azul oscuro.

También ella escapó de ese monstruo y también a ella la encontró en un garito del barrio bajo de

Marsella pero esa noche estaba preparada. Cuando entró su padre en la habitación le golpeó con una Singer, una de esas máquinas de coser antiguas de hierro que pesan tres quilos, colocada allí decorando la estantería. Y de nuevo escapó.

Vagó durante cuatro noches sin saber a dónde ir, revolvía contenedores, lo que comía lo vomitaba. Al quinto día se desmayó y la llevaron de urgencias al hospital.

Como no tenía documentación dijo que era española, que le habían robado y que no tenía dinero. Llamaron a la policía para que la trasladaran a la embajada de España y que allí se hicieran cargo de ella pero nunca llegó.

Y pasó un ángel por su vida.

- Toma niña, un billete a Barcelona y 200 euros, de noche no miran documentaciones. Sé que mientes y debes estar escapando, a mí me ocurrió también y un ángel me ayudó, voy a devolver el favor. Vete ya, están a punto de llegar.

Y así fue como llegó Catalina a Girona donde se bajó del tren, tenía hambre y sueño. Buscó una pensión y pudo dormir tranquila, al despertar decidió cambiar todo en su vida, nunca la encontrarían.

Buscó trabajo de limpieza, los detergentes abrasivos destrozaron sus dedos y sus rodillas y se dejó marchitar. Adelgazó y envejeció sin hacer nada para evitarlo.

El día que encontró el taller de Alba pensó que era momento de aprender alguna cosa más en la vida para ser menos desgraciada y así fue como se apuntó a clase, llevaba asistiendo ya casi un año. Aquella sala era su verdadero hogar, aquellas máquinas de coser su verdadero amor, aquellas mujeres que la llamaban *"Mata Hari"* su verdadera familia, sobre todo Aída que le instaba a hacerlo mejor cada día.

- Te lo ruego Alba, no digas nada, ellas deben seguir pensando que soy algo cortita, no podría perder lo único que me da calor en la vida.

- Pero…. ¿Y esta voz tan bella? ¿Por qué hablas en clase con voz de falsete?

- Yo bailaba bien como mi madre pero cantaba mejor que ella, fui famosa por mi voz, debo esconderla, por si algún familiar de mi padre pudiera encontrarme.

Le rogó que guardara el secreto o tendría que volver a marcharse y cambiar su identidad. Alba no dudó en asentir.

Esa misma tarde al salir del trabajo Aída fue hacia su casa y se encontró con la puerta de su piso abierta y todo revuelto.

Directa a su habitación le faltaban los anillos de sus padres, una alianza de brillantes que aceptó de joven pero nunca utilizó y un dinero que guardaba para comprase un coche, unos ocho mil y pico euros. Por suerte dejaron esa colección maravillosa de vestidos largos de Givenchi y Karl Lagerfeld de los que nunca quiso desprenderse porque eran de su madre.

- He tenido suerte, no saben los ladrones lo que valen.

Llamó por el interfono al portero que le contó que esa mañana se había ausentado para ir al médico. No había visto entrar y salir a nadie.

Colérica descolgó el teléfono y llamó a la policía. Una pareja de ellos se presentó en su casa y tomaron cuatro huellas rogándole pasara por la comisaria a poner la denuncia. Antes de salir pidió tiempo para que un cerrajero de urgencias le pusiera un mecanismo de seguridad en la puerta, por si quisieran volver los amigos de lo ajeno. Todo este show acabó sobre las tres de la madrugada y se fue a dormir cansada y derrotada.

Por la mañana llamó a la agencia, quería explicar lo sucedido y pedir la mañana libre. Tenía que esperar al servicio doméstico para darles una llave y alertarles que tuvieran cuidado,

- ¡Qué horror! ¿los ocho mil euros?

- Adiós a mi nuevo coche.

- Bueno, seguro que encuentran a los ladrones, tranquila. Por cierto, ha venido Piero preguntando por ti, está en el hotel Bellavista por si quieres llamarle.

- Gracias Moni, luego me paso.

A las once el servicio doméstico no había aparecido. A las doce y media tampoco. Harta de esperar llamó a la empresa:

- Buenos días, soy Aida Mir, estoy esperando a sus empleados pero no han aparecido, ¿les han cambiado el turno?

- ¿Sra. Mir? Creo que hay un error, Ud. nos llamó hace dos semanas para anular el servicio, no hemos ido a su casa los últimos catorce días.

- ¿Cómo dice?

- Ud. nos llamó para anular, ¿no recuerda? ¿no? ¡Ay madre!

- Eso digo yo….

Y otra llamada a la policía.

- La empresa de servicios no sabe nada, y si…., hay dos empleadas que se despidieron hace dos semanas, decían que volvían a su país.

Aida se sentía derrotada y asqueada, lo que más le molestaba en la vida es la gente que se gana tu confianza para traicionarte después, no importa si es para robarte o sencillamente porque les apetece.

Sin embargo no tienes que olvidar que es una mujer a la que no se le resisten los retos, tenía que controlarse para controlar la situación. Con ella no podría nadie, ¡era una princesa egipcia de Opera!

Sobre mediodía llamó de nuevo a su agencia y se tomó la tarde libre también, aquello se había complicado y necesitaba tiempo para arreglarlo. Asimismo hizo una llamada a la empresa de limpieza:

- Vuelvo a ser Aida Mir. Si, ya sé que Uds. no tienen la culpa de nada, la policía lo confirma. ¿cree que puede mandarme alguien de confianza esta tarde? Todo está revuelto en casa, necesito que me mande alguien que sepa bien lo que hace.

- Por supuesto, sin problema. ¿Ud. estará?

- No. Dejo las llaves al portero, que se las devuelvan al salir. ¡Ah! y muchas gracias.

Salió a pasear para calmarse y se compró un par de zapatos y una bandeja de sushi para cenar, no quería ensuciar la cocina de nuevo.

Paseando paseando se encontró que estaba justo en frente del hotel Bellavista. Se acordó que Piero estaba en la ciudad y creyó que sería un buen antídoto a su malestar.

- No señorita, ha salido. Sin embargo ha dejado dicho que si llamaba Ud. le diéramos su número de móvil y dejara el recado, tenía compromisos hasta las nueve de la noche.

- ¡Hola Aída!, sí, estupendo, te recogeré sobre las diez, ya pido yo reserva en un restaurante.

Se acordó entonces que iba en plan tejanos, debía volver a casa para arreglarse. El portero le confirmó que el nuevo servicio de limpieza estaba todavía en su casa.

Bien, pues mejor, así limpiaran el baño cuando salga de la ducha.

- ¿Hola? Soy Aída ¿estáis por aquí?

- ¡Aída!, ¿Qué haces aquí?

- ¿Catalina? Pues es mi casa…. Y tu ¿Qué haces aquí?

- Me han dicho que habían robado a un cliente y querían mandarme a mí, soy la más antigua, saben que en mi pueden confiar…

Cierto. Su piso estaba impecable, solamente faltaba acabar la cocina. Aixxx…. Lástima de esa voz de falsete suya. Acabaron y recogieron para macharse.

- Mil gracias guapa, ¿nos vemos mañana en Alba, no?

- Por supuesto, allí estaré, dijo Catalina.

- Quiero que vengas siempre tú a mi casa, la has dejado perfecta, las otras no eran tan buenas, quédate las llaves.

A diez minutos de las diez Piero llamaba al interfono, se le había hecho un poco tarde:

- Hola, no pasa nada, ahora bajo.

Una cena magnífica les esperaba en un restaurante italiano. Su dueño, Giovani, se había hecho amigo de Piero al saber que los dos eran nacidos en Pisa. Arribó a Girona de pequeño cuando sus padres cobraron una herencia, con ese dinero montaron el establecimiento y allí seguía, contaba ya con mucha solera en la ciudad.

Giovani les preparó una mesa a media luz en un rincón tranquilo tal y como Piero le pidió; al sentarse le guiñó un ojo.

Aida relató a su acompañante todos los sucesos del día y acabaron riendo, el buenísimo Chianti endulzaba lo sucedido.

Y de nuevo pasada la medianoche se miraron frente al portal. Aida le invitó a subir. Piero aceptó.

Ya en casa, cuando Aída miraba a Piero, solo intuía problemas pero a ella siempre le atraían los chicos malos. Ojalá pudiera recibir una señal que le indicara que iba en la dirección correcta.

Entre copa y copa un beso...

Entre beso y beso un botón menos...

Medio desnuda Aída creía que sus fantasías diarias de sofá se estaban haciendo realidad.

Sin embargo….

- Lo siento Aída, no puedo, lo siento.

Vaya por Dios, pensó ella, ya llegó el sapo peludo a despertarme.

- Te deseo, me encanta estar contigo pero mi mujer es buena esposa y tengo dos hijos, les fallaría a los tres, no está bien.

- Bueno, lo entiendo. A mí no me gustaría que mi marido – si lo tuviera - me engañase.

- No es por ti, en serio.

Vale, pensó ella, ya lo estamos estropeando, siempre lo mismo. Por esta razón no quiero tíos en mi vida. Son todos tan débiles…

Le acompañó a la puerta y se despidieron con un beso y un abrazo, un *"hasta pronto"* no era recomendable para ninguno de los dos.

- ¿Ya estás volando de nuevo? Esta vez sí será por la cita con Piero ¿no?

- Vaya un final apoteósico del día que tuve, me dejó a medias haciéndose el bueno.

- ¿Qué me dices?

- Lo típico del panoli casado, la conciencia le hace estúpido, ¡su mujer no se hubiera enterado! Pero ya ves, una mujer con mi cuerpo y está más seco que un pozo en el desierto.

Al salir de trabajar Aída se dirigió al taller de Alba, llegó tarde como siempre. Al entrar se percató que faltaba alguien:

- ¿Dónde está Catalina? ¿No ha venido?

- No, dijo Vane, ha llamado que no se encontraba bien y ya no vendrá hasta la semana que viene.

- Pues dile de parte de mis oídos que muchas gracias.

Estuvo en clase pensando que por suerte aquellas dos horas le hacían olvidar sus desgracias, lástima que la mayoría de compañeras eran mujeres de otro digamos "estilo", más vulgares, pero en fin, no todo el mundo tenía su suerte.

Cuando llegó de nuevo a su casa el portero ya estaba cerrando, eran las diez.

- ¡Ah señorita! Su empleada doméstica se fue hace poco, me ha dejado este sobre para Ud, ha dicho que se pasará mañana por el tinte.

- ¿El tinte?

- Sí, bueno, creo que aquí le llaman tintorería.

Y se fue sin más.

Pero… ¿qué me está contando este hombre? Pensó Aída, a este pobre vejestorio se le va la olla, no me extraña que sólo haya encontrado un empleo de portero.

Cuando llegó arriba encontró la puerta abierta y sus llaves, las que le dio a Catalina, encima de la mesa del recibidor. En ese momento se puso pálida y corrió al armario de su madre, allí comprobó con estupor que estaba vacío.

¡Oh no! Mis vestidos…

"Mi quería Aida:

O debería decir mi querida "estúpida ególatra".

Como ya habrás adivinado tus codiciados vestidos no están. Tampoco están en el tinte claro, ahora mismo son míos. La primera vez que entramos en tu casa nos dimos cuenta de esa magnífica colección.

He pasado casi un año malcosiendo y limpiando con el único objetivo de llegar hasta ti, sé que tu padre era un militar francés y tu madre una hija de la burguesía catalana.

Tú en cambio no tienes ni idea que tu padre tenía más familias, una de ellas con mi madre, en Bali.

¡Exacto! Somos hermanas.

Aida fue feliz porque recibía todo el cariño de su padre.

A Catherine y a su madre solo les llegaban abusos y maltratos.

Cuando mi madre murió me dejó su pantalón de la cárcel, el tejano que me has visto puesto todo este tiempo. En el bolsillo una carta tuya a papá mandándole besos.

Mi madre me dijo que te buscara, que mi hermana se cuidaría de mí.

Cuando llegué al hospital casi muerta un ángel me dio un billete de tren y 200 euros para que pudiera huir. Así lo hice.

Encontré trabajo de limpieza y alquilé una habitación con la idea de localizarte pero a quien encontré fue una estúpida esclavizada por el EGO, nunca me acogerías.

Adelgacé, dejé de cuidarme el pelo, cambié mi voz para el mundo y me vendaba los pechos para que no sobresalieran de aquella camiseta vieja y raída. Conociste a Catalina.

Cuando mi plan ya funcionaba llamé a aquel ángel que me ayudó en Francia, es italiano, tú le conoces, en realidad se llama Piero y es mi marido. Él NUNCA me engañaría con una presuntuosa como tú.

Tuviste todo en este mundo y no supiste apreciarlo, ahora yo tengo lo que le corresponde a mi madre, unos vestidos maravillosos con los que ella hubiera tenido que vestir. Y así sabrás lo que se siente cuando te quitan lo que más amas.

No pierdas el tiempo buscándome, sabemos cómo y dónde escondernos, perderás tiempo y más dinero si lo haces.

Hasta nunca querida hermana.

¡Ah!, recuerdos de Piero, a él le encanta hacer trampas".

Pasaron siete meses y Aida apareció de nuevo por el taller de Alba:

- Hola Vane, qué tal, ¿no está Alba?

- Vendrá en media hora. ¡Estás fenomenal!

- Gracias, es cierto. Dile que pasaré a verla.

Cuando se encontraron se abrazaron con cariño y a Alba le pareció de lo más raro. Y después de los saludos Aida le contó que con todo lo que le había ocurrido le diagnosticaron una depresión, no quería salir de casa ni para hacer la compra diaria.

Su médico le aconsejó un viaje, a ella le sería fácil encontrar algo que le apeteciera y la distancia es una buenísima medicina para los males del corazón, al fin y al cabo una hermana que te apuñala por la espalda es un mal del corazón.

Sacó un billete a la India. Recordó que cuando era pequeña su abuela le contaba la historia de un emperador que tras la muerte de su esposa mandó construir un mausoleo, un edificio de mármol blanco que brillaba más que el propio sol. Se tardaron veinte años en construirlo; allí fueron enterrados los dos para poder seguir juntos eternamente. Una de las siete maravillas del mundo: el TAJ MAHAL.

Era la historia preferida de su abuela cuando la arropaba por las noches. Ella le decía a su nieta:

- Aida, yo no podré ir nunca a ver esa maravilla, tienes que prometerme que irás tu por mí. Tú serás mis ojos. Cuando lo contemples piensa en mí y yo podré verlo también.

Y así fue como Aída se fue al otro lado del mundo.

Una vez allí al bajar del avión pidió un taxi. Un morenazo hindú de ojos verdes lo llamaba también. Vestido con un traje de seda blanca y turbante rojo parecía un príncipe.

Aida recordó su pasado, ese taxi que arrebató a Piero haciendo trampas, no quería que ocurriera lo mismo. Con buen acento de Harvard él la invitó a compartirlo, los dos iban a Nueva Delhi. Pero nunca llegaron allí, se desviaron por un camino de tierra que conducía a campos de cultivo y la hicieron bajar, se llevaron todo menos lo que llevaba puesto, por suerte no ocurrió nada más.

Aida siguió ese camino hasta llegar a una cabaña de labradores. Eran pobres como ratas como decimos aquí pero se ofrecieron a llevarla en carro. La dejaron a las puertas de la ciudad, no querían que la policía les encarcelara.

Ya de noche fue preguntando por donde llegar a la embajada española, toda la miseria que sus ojos habían visto en dos horas no la olvidaría en la vida.

La embajada estaba a unas tres horas caminando y ella no había comido nada. Unos niños le dieron un vaso de agua que acabó en un charco maloliente y marronoso, estaba débil y tenía fiebre.

Pero un ángel pasó por su lado.

Una madre de siete hijos, el mayor de ocho años, la miraba de lejos. Mandó a su hijo mayor a buscarla y le dio cobijo bajo la tela color ocre donde vivían. Esa era su casa, una tela color ocre entre cuatro palos en medio de un jardín abandonado. Allí pasó la noche tumbada entre niños como una más a quien una madre daba cobijo.

A la mañana siguiente ese niñito de ojos negros la agarró de la mano y, siguiendo los mandatos de su madre, la llevó por calles y plazas hasta el centro de la ciudad. De pié le señaló un edificio: Embajada española. Le soltó la mano y la empujó a caminar, sin más se dio la vuelta y arrancó a correr en dirección contraria.

- Alba, nunca olvidaré a esa madre y esos niños cuyas únicas pertenencias eran un trozo de tela entre cuatro palos, nunca olvidaré sus sonrisas, la verdad es que me di cuenta que la felicidad no está en las posesiones sino en el amor que sientes por tu familia. Yo no tengo familia. O no tenía…, ahora sé que mi hermana me odia.

- ¿Y ahora que vas a hacer?

- Por eso he venido necesito tu ayuda. Estoy montando una pequeña empresa textil para dar trabajo a madres como la que me acogió a mi, necesito consejos.

- Y hablando de posesiones, no te has enterado de lo que pasó en París ¿verdad?.

- ¿En París?

- Alguien anónimo mandó un baúl lleno de vestidos maravillosos de Givenchi y Karl Lagerfeld al museo del vestido. Nunca se supo quien fue.

- ¿Mis vestidos?

- Pues eso creo si…., puedes demostrar que son tuyos si quieres recuperarlos.

- Gracias Alba pero no. Yo solamente los veía como una colección de buenas telas bien cosidas que valían una pasta. Ahora pienso que son obras de arte que el mundo no puede perderse, están bien donde están.

- Pues si piensas así puedes contar con mi ayuda.

Hoy, como ya habrás adivinado, existen cuatro pequeños talleres que mandan sus modelos a una madre de siete hijos que ha conseguido un pequeño apartamento en las afueras de Nueva Delhi gracias a su trabajo.

EL EGO ES UN MENTIROSO QUE SE HACE PASAR POR TI

Nadie puede herirme sin mi permiso

Gandhi

Alba – Descubriendo andromeda

Era 22 de Noviembre de 1963 y Alba, de trece años se acomodaba en el asiento trasero del Mercedes Benz de su padre, un cochazo color crema de grandes dimensiones que despertaba la admiración de conductores y transeúntes, pocos se veían en esa época circulando por la ciudad.

A Alba no le gustaba que sus amigas la vieran allí metida pero su padre no la dejaba ir caminando sola al colegio, tenía una juventud insolente y podía despertar la lujuria de algún desalmado. Fulgencio, el chofer, vestía uniforme gris y cuando abría la puerta a la niña se quitaba la gorra de plato, pero existía un acuerdo tácito entre aquellos dos seres tan distantes:

- Quítate la gorra, anda, me da vergüenza que me vean con chofer.

- Es que su padre quiere que vaya de uniforme Señorita.

- ¿Ves a mi padre por aquí? Si tu no se lo dices yo tampoco lo haré

- Señorita Alba, me busca un problema…

- Pues te la pones, pero al doblar la esquina quiero ver tu cabeza y tu pelo corto, no discutamos ahora.

Como ya has adivinado Alba era una joven Tauro, es decir, tozuda como un toro, o casi diría que tozudísima, difícilmente se le podía llevar la contraria y si se enfadaba se convertía en asesina psicológica en potencia - actitud que le duraba unos tres minutos - para volver a la calma.

De camino al colegio Fulgencio solía poner la radio porque sabía que Alba disfrutaba con la música. Él era solamente un chofer y nunca había ido al colegio más allá de primaria pero era un observador de la vida; su oficio se hacía en silencio pero podía escuchar y se enteraba de todo, tenía a veces frases desconcertantes dignas del mejor filósofo de la Universidad existencial.

Ese día cantaban Los Brincos la canción Lola:

"La otra noche Bailando estaba con Lola

Y me dijo que se encontraba muy sola

Que pensaba que yo ya no la quería

Y creía que yo salía con otra...."

De repente la música paró en seco y una voz grave se oyó por el altavoz:

"Interrumpimos nuestra emisión para informarles de la trágica muerte del presidente de los Estados Unidos, Johh F. kennedy....."

- Señorita Alba, deberíamos volver a casa por si ocurre algo…

- Ni hablar, vamos al cole, puedes dejarme en la esquina como siempre.

Alba nunca se perdía las clases de los viernes. Por la tarde la Hermana Conchita les daba clase de labores desde que ella era una niña, ahora con trece años la habían puesto en el grupo de "*el ropero*" y se encargaban de coser desde las casullas de los curas que hacían misa cada mañana en la iglesia a vestiditos y pantalones para "los niños pobres" o para enviar a las misiones. Era impensable dejar esas clases por una noticia que no entendía demasiado bien qué importancia tenía, le gustaba más escuchar a Los Brincos y soñar con hacerse mayor y tener una vida de ensueño junto a su marido y sus hijos.

Ese marido con el que soñaba atendía al nombre de Pablo y era un chiquillo delgaducho de enormes ojos negros y pelo lacio al que Alba veía en el pueblo por vacaciones de verano y recordaba el resto del año; con él mantenía pequeños idilios de adolescentes cada mes de Julio.

Pasaron los años y Pablo se convirtió en un hombre de diecinueve años que se enamoró perdidamente por primera vez de una muchacha tan morena como él que fue la causante de la decepción más grande que Alba pudiera imaginar. Por si eso fuera poco aquella muchacha morena era su amiga del colegio, Merche, así que nuestra Tauro perdió las dos relaciones más importantes de su vida, la de su amiga y la de su idílico novio.

Se quedó en la más absoluta soledad.

Pero salió adelante. Entre sus estudios, sus costuras y sus hermanos encontró un lugar en el mundo, pertenecía a esa generación que escuchaba música Pop - Rock y creía que la sociedad debía cambiar para ser más democrática y liberal, hablaban de Amor libre y engalanaba su pelo largo con flores.

Con el tiempo supo que Pablo se había casado con Merche y ya tenían dos hijos y ella seguía como la tía solterona de todos.

Un día en el trabajo sus compañeros preparaban una salida de discoteca e Irene la animó a unirse al grupo:

- Va mujer ven, voy con mi novio y con su hermano, la mayoría no tiene pareja, compartimos el gusto por la música, te lo pasarás bien.

- Vale….

Y fue.

Como no tenía nada que perder Alba decidió comportarse como mejor le apeteciera sin importar lo que pensara la gente. Era raro en ella esa actitud, normalmente solía ser prudente y anodina escondiendo su oscuro complejo de semiinferioridad que le había causado la aparición de Merche años atrás, pero ese día no, tenía ganas de bailar y pasarlo bien, no hacía daño de vez en cuando.

Se encontró cara a cara con un montón de gente nueva contenta, desinhibida, "loca" por decirlo así, alegres y felices al ritmo de la música y se dejó llevar mandando a paseo a ese mosquito tigre que llamaba conciencia, un día era un día.

Al rato entró Inés del brazo de su novio a la derecha y de un pibón a su izquierda que naturalmente debía ser su futuro cuñado. Por si algunos no lo sabéis un "*pibón*" se define como un macho que debía estar expuesto en un museo, un chico que a pesar de no ser cachas tiene clase para parar un tren y unos rasgos faciales que enamoran a primera vista. Aparenta debilidad con gracia y despierta sentimientos de protección y amor como un mar embravecido en la tormenta. Sus ojos verdes eran como deleitarse con un bombón Lindt de chocolate belga con menta. De repente toda la vida anterior de Alba se fue hacer puñetas.

Se enamoró al segundo.

Y esa noche siguió en su papel de chica guay sin demasiado esfuerzo. Alba no podía creer que conectaran bien, no solía ocurrirle, como vulgarmente se dice *"todos los buenos ya están pillados"*

A esa noche siguieron varios meses de citas y fines de semana y llegó el momento del quiebre, ese instante en que tienes que decidir si el próximo paso va a ser hacia adelante o hacia atrás, una decisión que Alba tenía tomada desde el primer instante pero no así Ricardo que, consciente de sus encantos, se debatía entre el seguir pasándolo bien o sentar por fin la cabeza.

Y sentó la cabeza, creo….

En un año y medio escaso se dijeron **SÍ** ante familiares y amigos un día en que todos los indicadores parecían confabularse en su contra: viernes trece, lluvia a raudales y el infarto repentino de un invitado a la boda en pleno banquete. Todo malos augurios a los que Alba hizo caso omiso, no habían llegado hasta allí para sufrir, todo iría de lujo en su nueva vida.

Y así fue durante un tiempo, mucho más tiempo para Alba que para Ricardo que ya empezaba a echar de menos los agasajos femeninos de tiempos anteriores y buscaba escapatorias a las que llamaba clases de Judo. Según qué comentaba Alba la respuesta de él era que estaba más guapa callada, de buen rollo claro… Con el tiempo la antigua Alba semiinferior prudente y anodina volvió a escena y eso acabó de arruinar la relación, una relación ya muy deteriorada por las incursiones que les hacia su cuñada Margarita acusándola de celosa. Ricardo asentía.

Y aquello terminó en divorcio.

Alba sabia que Ricardo no estaba del todo convencido de de acabar así, quería a sus hijos y, a su manera también a ella, pero supo que no podría ganar la guerra contra la flor de su cuñada, estaban demasiado unidos y Ricardo jamás le llevaba la contraria, acabó cediendo a la ruptura porque le saldría menos cara una muerte rápida que una agonía lenta.

Y como años atrás buscó trabajo para seguir con su vida pero esta vez con una mochila en la que llevaba tres hijos, los cuales muchas noches de soledad la disuadían de marcharse al otro barrio, su vida necesitaba un oxígeno que no llegaba, no soportaba la idea que los niños se despertaran sin saber qué hacer viendo a su madre inerte.

Con todo este panorama Alba empezó a leer libros de autoayuda y a seguir el tratamiento psiquiátrico que le aconsejaba su doctora en la que confiaba, algún día recordaría que podía tener otra vida feliz y guardaría ese libro llamado Ricardo, - brillante y oscuro -, en algún lugar de su biblioteca interna bajo llave, junto al de Pablo.

Y así fue que pasados los cuarenta conoció a otro supuesto príncipe azul con el que mantuvo una relación feliz de dos años tras los cuales volvió el famoso punto de quiebre.

Y de nuevo reanudó su vida.

Ángel era exactamente eso, un ángel. Divorciado y con dos hijos pequeños parecía que la entendía a la perfección. Sus vivencias eran similares, sus conversaciones no tenían discusiones, se comprendían porque sus ex les habían echado de sus vidas, y su psiquiatra le comentó que había tenido mucha suerte. Y así fue como decidieron formar una nueva familia: Ángel, Alba y sus cinco hijos.

Al mes de convivencia todo era un desastre. Ángel pasó de príncipe azul a sapo peludo, dejó su trabajo, giró su mirada hacia Lucifer y se convirtió en un demonio. Creó en ella una dependencia emocional de narices, le exigía todo, le quitaba todo, se quejaba por todo, y lo peor era que relegaba a sus tres hijos a estar siempre por debajo de los suyos propios que eran lo único que importaban en aquella casa. En muchas ocasiones ella se quejó pero todo iba a peor, la furia de Ángel era de lo más brusca y lo pagaba con los niños, por esa razón optó por callar. Alba deseaba internamente que llegaran los fines de semana para mandarlos con Ricardo y que pudieran ser más o menos felices dos días por semana. Los chicos no entendían ni aceptaban esa realidad y por supuesto Ricardo mucho menos aunque nunca lo expresó.

Los malos tratos psicológicos con todos fueron a más día a día y Alba rezaba para que le dieran una paliza, al menos así podría demostrar por lo que estaba pasando, y quizá podría salir de aquella situación mediante una denuncia. Fuera de los muros de su casa nadie veía nada y si lo contaba nadie la creía, Ángel no tenía un pelo de tonto, nunca le pegó; lo peor era disimular una vida feliz delante de los niños, la alternativa hubiera sido mucha más agresividad contra ellos.

Un sábado por la tarde en que Alba compraba en una gran superficie escuchó una voz anciana que se dirigía a ella con voz tenue:

- Señorita Alba, ¿es usted? Perdone si la confundo, mis ojos están cansados y nublados por las cataratas, pero me ha parecido....

- ¡Fulgencio! Por Dios, que alegría, ¡creía que habías muerto!, Ui perdona....

Y se abrazaron como padre e hija que se reencuentran con los años.

Fulgencio seguía siendo el mismo a pesar de la edad; hablaba poco aunque seguía escuchando mucho, incluso interpretaba lo que los silencios clamaban a gritos; entre café y café Alba acabó contando su vida a aquel anciano de pocos estudios pero doctorado en vidas.

- Señorita, lamento mucho sus desgracias, ¿Dónde está la jovencita que me obligaba a quitarme la gorra de chofer?

- Oh Fulgencio, ¿Qué dices? Ahora estoy bien...

- He conocido a mucha gente en mi vida y he visto el miedo en sus ojos por primera vez señorita.

- ¡Deja de llamarme señorita! Cierto, todo se desmorona a mi alrededor, estoy atrapada, pero no puedo desaparecer ahora.

- La acompañaré a un abogado.

Quedaron a los tres días en un despacho de abogados donde visitaron a un joven recién salido de la facultad especializado en derecho matrimonial.

- Alba, le presento a Alfredo, puede parecer joven pero acabó la carrera con mención de honor, y además es mi nieto.

- ¿Te casaste?

- Y fui muy feliz, sigo visitando la tumba de mi esposa cada domingo. Tuve una hija, y éste es mi nieto.

Alba narró todas sus historias y respondió un millón de preguntas. Casi cuatro horas después dijo que tenía que volver a casa para evitar males mayores, sus hijos ya estarían acorralados.

- Me voy Fulgencio, gracias por tu ayuda, nos vemos pronto, seguiré los consejos de Alfredo.

- Alba, ¿recuerda aquella monja, la hermana Conchita, que le metió en "el ropero"? ¿sigue cosiendo?

- Ella murió joven pero yo nunca he dejado de coser, sirve de evasión y me ahorra dinero.

- Debería considerar darle un nuevo enfoque a su vida, cambiar su evasión por su solución, sus manos son diestras y todo su ser pide una salida a gritos.

Como siempre Fulgencio, el Catedrático de la existencia humana, no solo miraba, él veía.

- Alba, no hay soluciones rápidas a problemas complejos en esta vida, el éxito o fracaso viene dado por el crecimiento interno y por la insistencia, Señorita Alba no desespere, solo espere….

En ese momento Alba despertó de nuevo.

A todo esto los hijos de Alba ya eran adolescentes y cada vez pasaban más tiempo con su padre para tranquilidad y tristeza de su madre; aunque a ella no la vieran con muy buenos ojos por su relación tóxica con el que llamaban *"ese tío"* podía beneficiarse de menos tensiones hogareñas y más horas libres que dedicaba a coser, la única que siguió en casa fue la pequeña Carola que un día dejó con la boca abierta a todos en una discusión cuando dijo:

- Yo no me voy del lado de mi madre ni por el imbécil del novio de mi madre.

Como Ángel seguía sin trabajar diez de cada doce meses ella esgrimía que cosía cada vez más para el buen sustento de la familia.

Un día Alfredo la llamó para decirle que tenia novedades, no eran buenas, Fulgencio había muerto de un infarto mientras dormía, una muerte dulce para un hombre dulce.

Cuando Ángel la vio llorar le dijo que estaba loca, llorar por un estúpido chofer sin estudios, una de las tonterías más grandes que la había visto hacer en su vida.

- Estoy triste Ángel, escúchame…

- Tengo mejores cosas que hacer que perder el tiempo escuchándote.

Y Alba le mató sentimentalmente hablando.

Aquello fue un nuevo punto de quiebre pero esta vez solamente para ella. Dinamitó su relación con ese diablo sin decirle nada. Cuando lloras mucho sufres mucho pero cuando dejas de llorar es cuando surgen las fuerzas; su dolor había pasado de peón a gladiador, matar o morir, o morir matando, ya todo daba igual. Pero no moriría, allí no moriría, si había soportado el enamoramiento de Pablo y el abandono de Ricardo aquello era pan comido.

Después del funeral fue en busca de Alfredo para poner en marcha la separación, o la huida, lo que fuera con tal de salir de allí. Su abogado le dijo que sería complicado, los hijos de Ángel eran más pequeños que Carola y sus otros dos hijos ya no vivían allí, el juez otorgaría la vivienda familiar al demonio aunque fuera suya, habría que luchar.

Y Alba luchó. Siguió todos los consejos de su abogado, trabajaba más que nunca pero guardaba la mitad del dinero sin decir nada a nadie; se inventaba cuentos chinos para poder engañar a Ángel que reclamaba más presencia, más dinero y más dedicación, y le decía que lo hacía por su bien, la quería mucho y no aguantaba verla cansada.

Alfredo le contó que era una estrategia propia de los maltratadores cobardes y vagos, dominan a las mujeres con palabras bonitas y terribles broncas para que no les abandonen y sigan ocupándose de todo, así su vida depende de ellos y siguen allí para ellos, consiguen casa, comida, dinero y esclava en un simple movimiento.

A los ocho meses Alba tenía ahorrado una cantidad suficiente para alquilar un local, comprar cuatro máquinas de coser, dar de alta los impuestos municipales y contratar suministros con la inestimable ayuda de Alfredo. Cuando estuvo todo a punto su abogado le puso un sobre en las manos, era una carta de Fulgencio.

"Mi querida Señorita Alba, evidentemente ya estoy muerto pero si mira en el maletero de su coche encontrará la gorra que tantas veces me hizo quitar, allí está mi espíritu.

Usted nunca me trató como a un ignorante sino como a un amigo, yo quisiera corresponder a su amistad con una pequeña aportación a su negocio, nunca necesité demasiado dinero para ser feliz.

Mientras la esperaba de noche a la salida del colegio yo me entretenía mirando las estrellas pensando que estaban lejos para un tipo como yo pero no para una mujer como Ud. y sin embargo fue al revés, ya que tuve la suerte de contar con el amor de una esposa ejemplar. A Ud. le ha ocurrido lo contrario, es una Señorita ejemplar que no ha contado con el apoyo de los hombres que dijeron amarla.

He hablado con mi nieto Alfredo y toda mi familia está de acuerdo, la única manera de ayudarla es con esta contribución, no es mucho pero sobrevivirá un año si lo administra bien, usted y su padre me hicieron sentir importante en una época de amos y señores tratándome como si perteneciera a su familia.

Le ruego lo acepte. Mis órdenes eran entregarle la carta cuando ya hubiera salido del bache, yo escuché su silencio y oí que lo haría tarde o temprano, nunca dudé de su fe.

Preferiría que esto quedara en el anonimato, dice Alfredo que su demonio particular podría pedir su parte cuando consigamos que salga del piso, así que siga mi consejo: callar y escuchar será su mejor aliado, para mí lo fue.

Un fuerte abrazo con todos mis deseos de su nueva felicidad que llegará, no lo dude."

Fulgencio

Y así fue como Alba reconstruyó su vida gracias a su pasión. Telas hilos agujas y dedales fueron su mejor compañía el resto de su vida. Y sus conocimientos perduraron durante muchos años en otras mujeres, heroínas en la sombra como ella misma que hallaron salida a sus problemas en el arte de coser gracias a sus enseñanzas y consejos.

Cuando Alba murió dejó el taller en manos de su querida amiga Vane, la que empezó como dependienta y acabó siendo su mejor amiga y que tanto la ayudó en sus últimos días.

En la puerta del taller de Alba había una frase enmarcada de Fulgencio que rezaba así:

ANDRÓMEDA ESTÁ ALLÍ PARA TI, DESCUBRELA

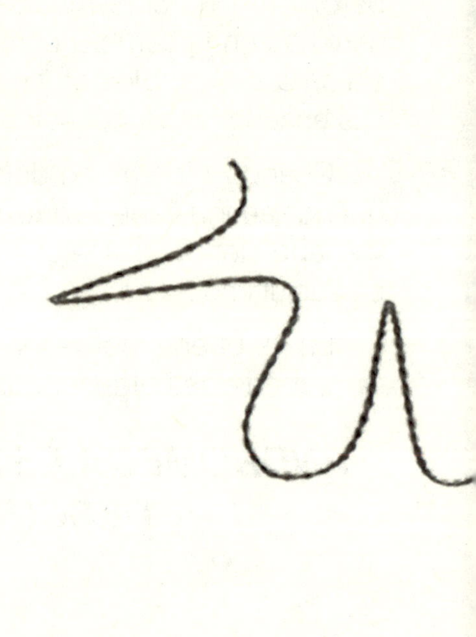

Identifica tus problemas, pero pon tu poder y energía en las soluciones

Tony Robbins

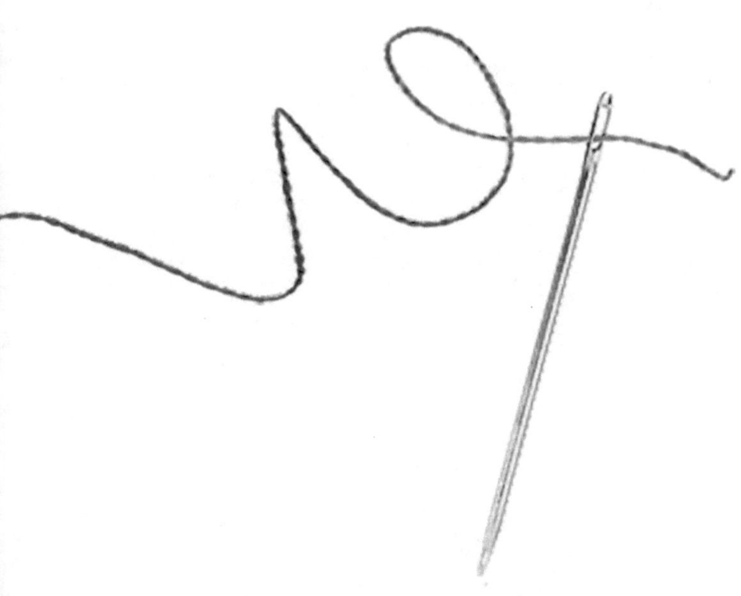

La voz de tu alma

¿Has tenido alguna vez la sensación de que todo transcurre demasiado deprisa y no sabes por qué? Eso me ocurrió a mí, pasé de tener marido a estar sola en dos horas, plis plas. Me refugié en mi apartamento de la Costa Brava y allí sigo viviendo, de esto hace más de dos años.

Yo no entendía nada y me parecía injusto; de noche sin embargo me refugiaba en los libros de autoayuda. De ahí a los videos de Youtube, y de pronto…

Un ángel apareció en mi vida.

Desde entonces nunca más he vuelto a estar sola en mi soledad, Él me ha dado todo sin conocerme siquiera.

No daré por concluido este libro sin antes dar las **GRACIAS** a la persona que ha motivado en mí un cambio tan y tan radical: **LAIN**.

Su libro **LA VOZ DE TU AL**MA es una obra extraordinaria.

No puedes dejar de leerla, cada día le pides un mensaje y al abrir sus páginas al azar allí está lo que necesitas. Como los Principios Universales nunca falla. Se ha convertido en compañero inseparable de mis días y mis noches.

Aunque no entendí nada hace dos años, ahora doy mil gracias todos los días por lo ocurrido. Ha supuesto un cambio real en como soy, lo que hago, cómo lo hago y porque lo hago, y siempre para mejorar. Te enseña a retomar las riendas de tu vida, a hacer frente a los desafíos y ponerlos en tu favor, a no rendirte nunca, a saber que con **FE** todo lo puedes.

Nunca creí que mi sueño platónico de ser escritora se cumpliría hasta conocer a **LAIN**, y aquí estoy. Cada página de su libro me susurraba una gran verdad que antes no conocía:

PUEDES HACER TUS SUEÑOS REALIDAD, TEN FE Y ACTUA, NUNCA TE RINDAS.

No puedes dejar de leer **LA VOZ DE TU ALMA**, no lo vas a olvidar, seguirá en mi mesita de noche hasta morir.

Gracias querido mentor por todo lo que has logrado en mi.

Mil gracias querido LAIN por existir.

La trilogía DESCUBRIENDO ANDRÓMEDA

1º - 12 HEROÍNAS

Relatos basados en hechos reales cuyos protagonistas consiguen salir de las penurias diarias - algunas terribles - y que no se rinden a la evidencia.

Pequeñas y espinosas historias que cuentan sus protagonistas a Alba, la propietaria de un pequeño taller de costura donde su profesora les escucha.

Buscan su luz interior para que les ilumine y así resurgir de una vida a la que se habían acostumbrado.

Van en busca de su Andrómeda para lograr brillar.

2º - 12 HEROES

Denomino "Monstruo" todos los sentimientos, defectos, actitudes, caracteres, bloqueos, adicciones, trastornos…. En fin, toda lo negativo que nos encontramos a diario.

Nos llegan por muchos caminos como las depresiones, fanatismos, vicios, orgullos, drogas, desamores, miedos…..

Quizá no consigas eliminar por completo a tus monstruos pero sí que puedes gestionar las sensaciones que te generan.

Puedes buscar la luz en tu interior y dejarles ciegos con ella, puedes resurgir a una nueva vida más feliz, puedes….

Adormecer a tu monstruo. Para siempre.

3º - 12 VIDAS HEROICAS

Si ya has leído los dos libros anteriores ya sabes cuál fue el desenlace de la historia, ahora quisiera mostrarte desenlaces alternativos que podrían haber cambiado el rumbo de las cosas.

- ¿Qué pasaría si hubieran hecho cosas diferentes?

¿Qué crees que habría pasado?

Exacto. Todo habría sido muy distinto.

LA LUZ TE HACE FUERTE.

Me encontrarás en...

 Àngels Bardina

 @angels_bardina